NFT

FÜR ANFÄNGER

Ein anfängerfreundlicher Leitfaden zum Investieren, Kaufen, Verkaufen und Verdienen mit Nfts

DARRELL BLACKMORE

Inhaltsverzeichnis

Einleitung

Die Technologie ist real. Die Auswirkungen sind real und dauerhaft." Das ist eine Aussage des milliardenschweren Investors und NBA-Franchise-Besitzers Mark Cuban, der an vorderster Front das Interesse an der Blockchain- und nicht-fungiblen Token-Technologie weckt. Cuban zufolge sind die Auswirkungen dieser monetären technologischen Veränderung messbar und nachhaltig. Sobald sie sich stabilisiert hat, wird sie die Art und Weise, wie Geld investiert, gesammelt, gespielt und verdient wird, verändern.

Ob Sport, Unterhaltung, Glücksspiel, Kunst, Musik oder Mode - nicht-fungible Token eignen sich perfekt für jede Branche oder jeden Bereich. Diese revolutionäre Technologie ist in den letzten Monaten zunehmend in aller Munde, aber noch nicht jeder kennt sie, und ihr Potenzial ist noch nicht vollständig erschlossen.

Nicht-fungible Token, einfacher als NFTs bezeichnet, sind einzigartige digitale Ressourcen. Der nicht-fungible Token schafft eine überprüfbare digitale Knappheit, die zu einem einzigartigen Wert führt.

Diejenigen, die sich bereits ein wenig mit Blockchain, Kryptowährungen und Token auskennen, wissen, wovon wir sprechen und können diese Art von Technologie besser entwirren. In einfachen Worten könnte man sagen, dass ein vertretbarer Token aus digitalen Informationen besteht, die in einer Blockchain aufgezeichnet sind und dem Objekt ein bestimmtes Recht verleihen, das als Eigentum erkennbar ist. Token sind im Wesentlichen ein Echtheitszertifikat, während "fungibel" sich auf die Replizierbarkeit und Austauschbarkeit von Kryptowährungen wie Bitcoin, der 2009 geschaffenen Kryptowährung, oder auch einer Fiat-Währung (Dollar, Euro, Pfund usw.) bezieht. Nicht-fungible Token zeichnen sich gerade dadurch aus, dass sie nicht-fungibel sind, d. h. nicht austauschbar. Sie können einen virtuellen Vermögenswert eindeutig repräsentieren und sind authentisch, einzigartig und verschlüsselt.

Ein Bild in einer .jpg-Datei kann z. B. unzählige Male reproduziert werden, der Token jedoch nicht, und es ist der Token selbst, der dem Bild einen Wert verleiht und es ermöglicht, es zu kaufen, zu verkaufen und zu sammeln wie die besten Kunstwerke. Der gekaufte Token ist also eine Bescheinigung für das Medium oder das digitale Werk, nicht das Werk selbst. NFTs verleihen einem digitalen Werk folglich alle Rechte, die es auch als physisches Werk hätte: Seltenheit, Authentizität und Eigentum. Das ist es, was eine NFT so außergewöhnlich macht. Nicht-fungible Token verändern die digitale Welt für immer. Es ist ein bisschen so, als würde ein Künstler ein Kunstwerk nur für eine einzige Person schaffen: Viele mögen es im Internet bewundern und seine Schönheit schätzen, aber nur die Person, die es kauft, hat die Eigentumsrechte, einschließlich der Möglichkeit, es weiterzuverkaufen und einen Gewinn zu erzielen.

Über NFT zu sprechen, ist ein bisschen so, als würde man über ein Paralleluniversum sprechen, das exponentiell wächst. In der Tat werden in den jüngsten Darstellungen von NFT Worte wie "Manie" und "Blase" verwendet, um die Situation zu beschreiben.

Im Jahr 2020 überstieg das Handelsvolumen des NFT-Marktes 250 Millionen US-Dollar, eine Vervierfachung im Vergleich zu 2019, und es wächst von Minute zu Minute weiter, selbst zum Zeitpunkt der Erstellung dieses Artikels. Es ist eine Welt, die schnell die Aufmerksamkeit von Prominenten, internationalen Künstlern, Sportlern, digitalen Kreativen, Unternehmern, Influencern und vielen anderen erregt hat.

Im Internet sind einige bemerkenswerte Fälle bekannt geworden. So hat beispielsweise die NFT-Plattform der NBA, NBA Top Shot, einen Clip von Lebron James' beeindruckendem Dunk für 208.000 Dollar verkauft oder Lindsay Lohan hat ein Foto von sich selbst für 50.000 Dollar verkauft und den Erlös für wohltätige Zwecke gespendet. Die gleichen Prominenten, die sich für nicht-fungible Token interessieren, haben sie ins Rampenlicht gebracht, indem sie sie zum Mainstream gemacht und Rekordsummen erzielt haben. Außerdem sind NFTs in praktisch jeder Branche zu finden, von der Wirtschaft über soziale Medien bis hin zu Musik, Kunst, Sport und Unterhaltung.

Die Exklusivität der digitalen Dateien hat dazu geführt, dass sie für Millionen von Dollar verkauft werden. Nach dem Prinzip der granularen Preisstaffelung verkauft ein Künstler seine exklusivsten Werke zu höheren Preisen und nachfolgende Werke zu niedrigeren Preisen. Darüber hinaus sind NFTs gerade deshalb so großartig, weil sie alle Zwischenhändler ausschalten: Künstler und Käufer stehen auf eine ganz neue Weise in direktem Kontakt.

Grimes, berühmter Synth-Pop-Star, Sängerin und Freundin des bekannten Unternehmers Elon Musk, verdiente 5,8 Millionen Dollar in weniger als 20 Minuten durch den Verkauf ihrer NFTs auf Nifty Gateway, einem der beliebtesten Marktplätze. Die Kollektion trug den Titel War Nymph. Sie zeigt geflügelte Kinder mit Wurfspeeren, Tattoos und Elfenohren in einer dystopischen Welt. Die Sängerin kündigte die Versteigerung ihrer NFTs zunächst in einem Tweet an und schrieb schlicht: "Enter the void". Bezüglich dieser digitalen Welt erklärte sie: "Das digitale Reich macht das Reich seltener und kostbarer. Sie bietet auch Eskapismus und Perfektion. Manchmal will ich Unvollkommenheit, das echte Leben. Manchmal will ich Perfektion."

Wie sie und auch im Musikgeschäft sind Kings of Leon vor kurzem auf den Geschmack gekommen. Sie haben ihr Album When You See Yourself als NFT auf der Yellowheart-Plattform veröffentlicht. Das Album ist in herkömmlichen Formaten für jedermann erhältlich, aber die NFT-Varianten wurden für 50 Dollar verkauft und boten jeweils verschiedene Vergünstigungen: digitale Downloads, Konzerttickets und eine limitierte Vinylausgabe des Albums. Auf diese Weise wird das Digitale zum Physischen und umgekehrt und schafft ein einzigartiges und originelles Angebot.

Vor etwas mehr als einem Jahr versteigerte Twitter-Gründer und CEO Jack Dorsey auch das NFT seines ersten Tweets aus dem Jahr 2006, in dem er erklärte: "Ich richte gerade mein Twitter ein". Es wurde für 2,9 Millionen Dollar verkauft, und er spendete den Erlös für wohltätige Zwecke. Die Plattform, auf der er sein NFT verkaufte, ist Valuables by Cent. Wenn sogar der Tech-Enthusiast und Gründer einer so populären Plattform wie Twitter in die Welt der NFT-Auktionen einsteigt, können wir davon ausgehen, dass hier ein gewisses Potenzial vorhanden ist.

Der krasseste Fall in diesem Zusammenhang? Beeple, ein ursprünglich aus South Carolina stammender digitaler Grafikdesigner, hat mit dem Verkauf seines Werks "The First 5000 days" für 69,3 Millionen Dollar, dem höchsten jemals von einem digitalen Künstler erzielten Preis, eine echte Krypto-Kunstbewegung ausgelöst. Das berühmte Kunstauktionshaus Christie's setzt auf MakersPlace, um den neuen digitalen Trend zu unterstützen und sieht große Chancen für eine Kunstwelt, in die auch die jüngeren Generationen, die an digitale Kreationen gewöhnt sind, investieren können.

Die Möglichkeiten des Verkaufens, Sammelns, Investierens und Verdienens machen nicht-fungible Token zu einer überzeugenden technologischen Chance. Außerdem wird diese Chance nicht erlöschen, da sie wahrscheinlich immer mehr Märkte und Verwendungszwecke finden wird. Beginnen wir also ohne Umschweife mit unserer klaren, einfachen, gründlichen und anfängerfreundlichen Analyse von NFTs.

KAPITEL 1:

Was sind NFTs?

Im Jahr 2015 hatte die legendäre Rap-Gruppe The Wu-Tang Clan eine einzigartige Idee. Sie produzierten ein Album, von dem es nur ein einziges Exemplar gab. Sie steckten es in eine wunderschön gestaltete Box. Sie verkauften es bei einer Auktion an den Höchstbietenden. Das Album wurde von dem so genannten "Pharma-Bro" Martin Shkreli für 2 Millionen Dollar gekauft. Der Kauf dieses Albums war an Bedingungen geknüpft. Der Besitzer durfte bis 88 Jahre nach der Veröffentlichung keine Kopien davon anfertigen oder es überhaupt verbreiten. Der neue Besitzer durfte es sich von Gästen anhören lassen, wenn sie das in ihrem eigenen Haus tun wollten, aber nur in ihrem Haus. Es handelt sich um ein äußerst seltenes, nicht vergängliches physisches Gut. RZA, der inoffizielle Anführer des Wu-Tang-Clans, produzierte das vielleicht erste nicht vererbbare Musikstück im echten Leben.

Dies ist ein sehr einfaches, klares Beispiel dafür, was NFTs sind. Der einzige Unterschied zwischen Wu-Tangs einzigartigem Album "Once Upon a Time in Shaolin" und einem NFT-Musikstück besteht darin, dass NFTs digital existieren und über unzählige Computersysteme verteilt sind.

Die kurze Antwort

Die erste und beste Frage, die Sie sich wahrscheinlich stellen, lautet: Was ist ein nicht-fungibler Token? Oder, genauer gesagt, was bedeutet fungibel überhaupt? Fungibilität ist die Eigenschaft einer Sache, austauschbar und leicht zu ersetzen zu sein. Ein fungibler Gegenstand lässt sich leicht durch eine Kopie ersetzen. Ein nicht-fungibles Ding ist das nicht.

Nehmen Sie ein Beispiel wie ein in Massenproduktion hergestelltes T-Shirt. T-Shirts werden am Fließband hergestellt und die meisten von ihnen sind identisch. Wenn Ihr T-Shirt reißt, können Sie ein anderes bestellen, das sich nicht von dem vorherigen unterscheidet. Etwas, das nicht fungibel ist, wäre zum Beispiel ein Original-Kunstwerk von Magritte. Ein Originalgegenstand, ein Unikat, ist so wenig fungibel wie nur möglich.

Überlegen Sie nun Folgendes: Das T-Shirt, das ersetzt wurde, ist möglicherweise nicht fungibel. Wenn das T-Shirt für die betreffende Person einen hohen ideellen Wert hat, wäre es für alle anderen vertretbar, aber für den Besitzer nicht vertretbar. Was wäre, wenn es sich um ein gewöhnliches weißes Unterhemd handelt, das man im Zehnerpack für ein paar Dollar kaufen kann, das man aber auf einem Konzert der Red-Hot Chili Peppers bekommen hat, als der Leadsänger Anthony Kiedis es sich vom Leib gerissen und in die Menge geworfen hat, und man derjenige war, der es aufgefangen hat. Damit ist es plötzlich mehr wert als ein gewöhnliches Hemd desselben Designs und derselben Herstellung. Jetzt ist es mit einem Erlebnis verbunden, es ist mit einer Berühmtheit verbunden. Das Hemd ist mehr als nur eine Baumwollfaser. Das vertretbare Hemd ist jetzt nicht mehr vertretbar.

Die vorletzte Form der Fungibilität ist Bargeld. Jeder 20-Dollar-Schein kann durch jeden anderen 20-Dollar-Schein ersetzt werden, oder durch zwei 10-Dollar-Scheine oder vier 5-Dollar-Scheine. Der Hauptgrund, warum Geld erfunden wurde, ist diese Fungibilität. Geld ist ein Tauschmittel, ein Mittel zur Quantifizierung von Werten, das es den Menschen ermöglicht, Waren und Dienstleistungen problemlos auszutauschen. Vor dem Bargeld war Gold das Standardtauschmittel; etwas Wertvolles, das leicht zu handeln, schwer zu fälschen und unvergänglich ist.

Kryptowährungen sind ebenfalls Tauschmittel, wie Bargeld, aber Kryptowährungen wie Bitcoin und Ethereum sind sogar noch fungibler als Gold oder Bargeld. Jeder Bitcoin ist so gut wie jeder andere Bitcoin. Sie sind vollkommen fungibel. Bargeld ist nur geringfügig weniger fungibel, weil sie unterschiedliche Seriennummern tragen. Theoretisch könnten Sie unschuldig einen 20-Dollar-Schein in der Hand halten, der aus einer Bank gestohlen wurde, ohne es zu wissen. Der Versuch, den Schein mit dieser Seriennummer auszugeben, könnte zu einem unangenehmen Gespräch mit der Polizei führen, ohne dass Sie etwas dafür können.

In den Tagen von Napster haben wir gelernt, dass sich Daten unendlich oft vervielfältigen lassen. Als Musik noch auf Schallplatten gespeichert wurde, musste man Geld für den Druck von Schallplatten bezahlen. Man musste das Cover drucken, die Plastikhüllen herstellen und Lastwagen und Schiffe einsetzen, um alle Teile und das Endprodukt von einem Ort zum anderen in der ganzen Welt zu transportieren. Als das Endprodukt auf den Markt kam, gab es nur begrenzten Platz in den Regalen. Im Internet kann ein Song in digitaler Form hypothetisch unendlich oft kopiert und an unendlich viele Leute weitergegeben werden, und die einzigen Kosten sind der Serverplatz und die Stromrechnung. Daten jeglicher Art sind extrem fungibel. Solange man verhindern kann, dass die Daten beschädigt werden, lässt sich jede Kopie eines Liedes durch eine identische Datei einfach und kostengünstig reproduzieren.

Kryptowährungen im Allgemeinen und NFTs im Besonderen schaffen Knappheit in einer digitalen Welt ohne Knappheit. NFTs bieten eine neue Grenze der digitalen Knappheit, wo einzigartige digitale Vermögenswerte existieren und gehandelt werden können. Das ist der Grund, warum sie zu einer großen Sache geworden sind und warum die Lektüre dieses Buches ein guter Zeitvertreib ist.

Fungibilität und Wert

Um zu verstehen, warum NFTs und Kryptowährungen wie Bitcoin und Ethereum wertvoll sind, müssen wir über etwas etwas Abstraktes sprechen. Wir müssen genau verstehen, was Wert ist und woher er kommt.

Um es kurz zu machen: Der Wert kommt von uns. Wert entsteht durch das, was Menschen wollen. Wert existiert nicht außerhalb von uns. Wert ist den Dingen nicht inhärent. Einsteins großartige Beobachtung war, dass die Geschwindigkeit und Richtung eines Objekts im Raum nur im Zusammenhang mit der Geschwindigkeit und Richtung anderer Objekte einen Sinn ergibt. In einer völlig schwarzen Leere wäre es unmöglich, die Geschwindigkeit oder die Richtung der Bewegung eines Objekts zu bestimmen, wenn es nicht andere Dinge wie Sterne und Planeten gäbe, an denen es gemessen werden könnte. Wert und Geld funktionieren auf die gleiche Weise. Der Wert einer Sache erfordert einen Vergleich mit anderen Dingen. Das klingt jetzt ein bisschen hochtrabend, aber es ist viel einfacher zu verstehen, als es zunächst scheint.

Was ist eine Flasche Wasser wert? 16 Unzen durch Umkehrosmose gefiltertes Wasser in einer Plastikflasche kosten in Nevada mehr als in Michigan. Wenn Florida von einem verheerenden Hurrikan heimgesucht wird, der die Straßen und die Infrastruktur zerstört und die Systeme zur Versorgung der Haushalte mit Süßwasser überlastet, steigt der Preis für sauberes Wasser erheblich.

Was ist ein NFT also wert? An sich nichts. Gold ist an sich auch nichts wert. Ein Barrel Rohöl ist auch nichts wert. Der Wert dieser Dinge ergibt sich aus der Tatsache, dass wir sie aufgrund ihres Nutzens für uns schätzen, und das ist alles. Was war Gold wert, bevor Schmiede lernten, es zu erhitzen und zu Schmuck und Kunst zu schmieden? Nichts. Was war Öl wert, bevor der Verbrennungsmotor erfunden wurde? Nichts. Sie wurden in dem Moment wertvoll, als wir eine Verwendung für sie fanden.

Manche Menschen zahlen eine beträchtliche Summe, um Goldschmuck zu kaufen und in der Öffentlichkeit zu tragen. Andere Menschen haben kein Interesse an Gold und würden es weder kaufen noch tragen. Aber wenn die Person, die kein Gold mag, zufällig viel davon hat und jemanden kennt, der Gold haben möchte, kann sie das Gold zu einem Preis verkaufen, den der Käufer für angemessen hält.

Verfolgen Sie diese Analogie weiter. Es gibt viele Gründe, warum NFTs für Sie von Interesse sein sollten, aber letztlich ist es egal, ob Sie überhaupt einen Wert darin sehen. Was zählt, ist, dass andere Menschen darin einen Wert sehen und bereit sind, dafür Geld zu bezahlen, genau wie der Käufer und Verkäufer von Gold.

Ein neues Zeitalter des digitalen Eigentums

Sind Sie immer noch verwirrt, warum jemand 69 Millionen Dollar für ein JPEG bezahlen sollte? Diese Analogie sollte Ihnen helfen, es zu verstehen.

Denken Sie an ein berühmtes Gemälde wie das von Georges Seurat. Das ist das Gemälde mit all den schicken Leuten, die hübsch gekleidet in einem Park abhängen, aber wenn man ganz nah herangeht, kann man sehen, dass das Bild nur aus winzigen Punkten besteht. Dieses sehr berühmte Gemälde befindet sich im Besitz des Art Institute of Chicago und ist schätzungsweise 650 Millionen Dollar wert, also deutlich mehr als Beeples Werk.

Sie können ein JPEG dieses berühmten französischen Gemäldes finden und es kostenlos herunterladen. Sie können ein Poster für etwa 20 Dollar bestellen und es an die Wand hängen. Ja, 20 Dollar für eine Kopie. Nicht 650 Millionen Dollar für eine Kopie. Ein Posterdruck ist bei weitem nicht so viel wert wie das Original.

Erlauben Sie uns, eine dumme Frage zu stellen und sie dann zu beantworten: Warum ist das Original eines Gemäldes so viel wert, aber eine Kopie ist wertlos? Weil es das Original ist.

Stellen Sie sich ein hypothetisches Science-Fiction-Szenario vor. Stellen Sie sich vor, es gäbe eine Maschine, die ein Gemälde scannen und jeden Pinselstrich genau bestimmen könnte, um dann eine Kopie zu malen, eine perfekte Fälschung bis auf die molekulare Ebene. Die Kopie ist so präzise, dass die Scan-Maschine sie nicht auseinanderhalten könnte. Nehmen wir an, diese Maschine könnte Tausende dieser molekular identischen Gemälde am Fließband herstellen.

Logischerweise hätten die Bilder alle den gleichen Wert. Sie sind gleichwertig. Der einzige Unterschied ist, dass eines das Original ist. Das macht den Unterschied aus. Das Originalgemälde wäre immer noch 650 Millionen Dollar wert. Die Kopien wären das wert, was die etwas teureren gedruckten Poster wert sind.

Es ist wichtig, woher die Dinge kommen. Das T-Shirt, das Anthony Keitis getragen hat, ist aus keinem anderen Grund wertvoll als weil er es getragen hat. Ein NFT ist wertvoll, weil derjenige, der es hergestellt hat oder dem es gehört, es besitzt.

KAPITEL 2:

Wie werden NFTs erstellt?

Viele NFTs werden auf der Ethereum-Blockchain mit der ETH-Währung erstellt, um für ihre Nutzung zu bezahlen. Das bedeutet aber nicht, dass diese ständig umherziehen müssen, um verkauft zu werden. Die NFT werden in einer virtuellen Brieftasche aufbewahrt, die die Person zu verschiedenen Plattformen begleitet und ihnen den Zugriff auf diese Brieftasche ermöglicht. Eine Anwendung wie MetaMask ist erforderlich, damit jede Plattform auf diese Geldbörse zugreifen kann, damit Käufe und Verkäufe reibungslos ablaufen können.

Auf verschiedenen Marktplätzen wie OpenSea und Mintbase können Sie NFTs erstellen, ohne Gebühren zu zahlen.

Die meisten Marktplatzplattformen berechnen Ihnen eine Gebühr, die so genannten "Gasgebühren", für die Kosten der Erstellung oder Prägung des NFT. Diese Gebühren ändern sich häufig und können sehr kostspielig sein. Aber sobald diese Gebühren bezahlt sind und das NFT auf eine Website hochgeladen wurde, ist es erstellt und kann verkauft werden.

Geschichte und Schlüsselkonzepte

In den meisten Büchern und Artikeln geht es um die Popularisierung von NFTs und ihre Anfänge, beginnend mit CryptoKitties. Aber das Konzept wurde schon viel früher entwickelt, und deshalb werde ich Sie jetzt auf diese Reise mitnehmen. Lassen Sie uns in die Geschichte der NFTs und die Schlüsselkonzepte eintauchen, die diese NFTs zu dem machen, was sie heute sind.

Bitcoin Farbige Münzen

Bitcoin-farbige Münzen wurden 2012 für den Handel mit Meme-Kunstwerken verwendet. Sie waren auch als "Satoshis" bekannt, die kleinste Einheit von Bitcoin, die einem Hundertstel eines Bitcoins entspricht. Sie wurden auch nach dem Schöpfer von Bitcoin, Satoshi Nakamoto, benannt.

Diese farbigen Münzen wurden nur in sehr kleinen Kreisen verwendet und waren daher relativ unbekannt. Sie hielten sich nicht lange, weil sie nur dann einen Wert darstellen konnten, wenn sich alle auf diesen Wert einigten. Dies führte zu großen Transaktionsproblemen, wenn keine Einigung erzielt werden konnte.

Quantum

Ein Kunstwerk namens Quantum, das für einen hohen Preis verkauft wurde. Nun, dieses Kunstwerk basiert auf dem, was als das erste NFT gilt.

Kevin McCoy und Anil Dash haben eine Plattform für digitale Kunst geschaffen. Sie taten dies im Jahr 2014 und präsentierten ihre Idee, aber sie kam nicht in Schwung. Aus diesem Grund haben sie ihre Blockchain-Idee nie patentieren lassen und sind auch heute nicht im Besitz dieser Technologie.

Sie sind jedoch nicht vergessen, und Anil Dash ist in Kryptowährungs- und Startup-Kreisen immer noch präsent. Er will das ursprüngliche Präsentationsvideo noch nicht als NFT verkaufen. Aber Kevin McCoy war durchaus bereit, Quantum zu verkaufen, das als das anerkannt wird, was es ist und wie es bei der Technologie und der letztendlichen NFT-Erstellung geholfen hat.

Gegenpartei

CounterParty ist eine Finanzplattform, die 2014 als Peer-to-Peer-Plattform auf der Blockchain aufgebaut wurde. Sie befasste sich mit dem Handel von Memen und Kartenspielen. Das Unternehmen wurde gegründet, weil die Gründer an die Blockchain-Technologie glaubten, aber nicht ahnten, welche große Rolle sie spielen würde.

Als der Verkauf von Memes begann, angefangen mit Pepe Frog zwischen 2015 und 2016, verzeichnete CounterParty einen Anstieg der Nutzerzahlen. Dies führte dazu, dass ein seltenes Bild dieses Memes zum Sammlerstück wurde, und die Leute waren bereit, viel Geld für einen seltenen Pepe Frog auszugeben. Diese Popularität überzeugte die Macher von Force of Will, 2016 an der Plattform mitzuarbeiten.

Force of Will war zu dieser Zeit ein beliebtes Sammelkartenspiel, und sie brauchten einen Ort, um ihre Karten zu verkaufen. Dies führte zu einem weiteren Anstieg der Verkaufszahlen und zeigte, wie wertvoll es ist, solche Sammlungen online und einfach kaufen und verkaufen zu können.

Ethereum

Ethereum wurde 2017 nicht nur als Kryptowährung, sondern als viel mehr geschaffen. Das Unternehmen machte Schlagzeilen mit dem, was es zu tun in der Lage war, aber die Dinge begannen wirklich mit der Veröffentlichung von CryptoKitties zu starten. Dabei handelte es sich um ein NFT-Spiel auf der Ethereum-Plattform, das es seinen Nutzern ermöglichte, mithilfe der Blockchain-Technologie seltene digitale Katzen zu züchten.

Die Popularität des Spiels war der Auslöser dafür, dass die NFTs in den Mittelpunkt des Interesses rückten. Es war so populär, dass es viel Aufmerksamkeit in den Medien erregte und in gewisser Weise mehr Menschen für das Online-Sammeln begeisterte.

Daraus entstanden die CryptoPunks, und jetzt ist die Liste der Dinge, die man auf verschiedenen Marktplatzplattformen kaufen und verkaufen kann, endlos, je nachdem, was man sammeln möchte.

Problem der Kohlenstoffemissionen

NFTs erfordern viel Rechenleistung, da sie mithilfe von Blockchain-Transaktionen erstellt werden, die dem Proof-of-Work-Protokoll folgen. Das bedeutet einfach, dass eine Partei der anderen beweist, dass eine bestimmte Menge an Arbeit geleistet wurde. Der Nachweis erfolgt durch die Lösung eines mathematischen Problems oder einer Transaktion. Das klingt komplex und ist es auch. Allerdings werden alle diese Aufgaben von Computern gelöst, die diese Gleichungen im Hintergrund mit Hilfe einer speziellen Software ausführen. Für das Lösen dieser Gleichungen werden die Betreiber dieser Computer oder Miner mit Kryptowährung belohnt, und das ist der Anreiz, viele Computer ständig laufen zu lassen.

Die Transaktionen werden in rasantem Tempo abgewickelt, was dazu geführt hat, dass auf der ganzen Welt Serverfarmen zu diesem Zweck eingerichtet wurden. Die Stromerzeugung in den Serverfarmen erfolgt meist mit fossilen Brennstoffen, da sie sich meist in Ländern mit günstigen Stromkosten befinden. Dies wiederum verursacht einen enormen CO2-Fußabdruck, was zu einem starken Widerstand gegen die Nutzung von NFT führt. Dies ist der Hauptgrund dafür, dass viele Menschen trotz ihrer Beliebtheit zögern, NFTs zu erstellen und zu verkaufen.

Das Mining von Ethereum verbraucht angeblich so viel Strom wie das Land Irland, und eine Studie aus dem Jahr 2018 ergab, dass das Mining von Kryptowährungen mehr Energie verbraucht als die Gewinnung von Gold oder Kupfer (de la Garza, 2021).

Selbst mit diesen Studien ist es schwierig, den genauen Kohlenstoff-Fußabdruck einer NFT zu berechnen, da so viele Faktoren zu berücksichtigen sind. Die Blockchain-Miner, die diese Computer betreiben, sind über die ganze Welt verteilt, so dass es schwierig ist, genau zu bestimmen, wie viel Energie zu einem bestimmten Zeitpunkt verbraucht wird. Daher ist es derzeit unmöglich, den Kohlenstoff-Fußabdruck für jede NFT zu berechnen. Das heißt aber nicht, dass es keine Auswirkungen gibt oder dass es keinen Grund zur Sorge gibt.

Das Thema ist in aller Munde, vor allem im Hinblick auf den Klimawandel. Der Konsens ist, dass die verwendete Energie grün sein muss. Kryptowährungsunternehmen stimmen dem zu, und die meisten tun eine Menge, um Änderungen vorzunehmen. Es gibt sogar Marktplatzplattformen, die grün sind und sich selbst so vermarkten.

Einige Unternehmen wie die Ethereum-Plattform arbeiten auch an Lösungen, um die Art und Weise, wie die Währung abgebaut wird, zu ändern und ihren Kohlenstoff-Fußabdruck drastisch zu verringern.

Grüne Konzepte

Der gesamte Bergbau könnte mit erneuerbaren Ressourcen betrieben werden, aber es gibt verschiedene Gründe, warum das nicht der Fall ist. Der Hauptgrund ist, dass es viele Länder gibt, die fossile Brennstoffe verwenden und deren Strom sehr billig ist. Aus diesem Grund sind viele Serverfarmen in diesen Ländern angesiedelt; außerdem ist der Anreiz zum Mining sehr groß. Es wäre schwierig, diese Bergbaubetriebe zu schließen und sie zur Nutzung von Solar- oder Windenergie zu zwingen, da die Infrastrukturkosten für den Aufbau dieser erneuerbaren Energieoptionen sehr hoch sind.

Daher haben neuere Blockchain-Technologien damit begonnen, alternative Validierungsprotokolle einzuführen, wie z. B. Proof-of-Stake, das viel weniger Energie pro Transaktion verbraucht. Ethereum will das Mining durch Staking ersetzen, das viel weniger energieintensiv ist. Bis zu 99,98 % der Energie werden eingespart, wenn dieses Konzept für alle Transaktionen verwendet wird (Ethereum, n.d.).

Glücklicherweise ist dies kein Zukunftskonzept, denn die Technologie wird bereits in kleinerem Maßstab auf anderen Plattformen entwickelt und eingesetzt. Sie muss nur in der Lage sein, die größeren Transaktionen und die Arbeit im Backend zu unterstützen.

Proof-of-Stake

Ich habe erklärt, wie das Proof-of-Work-Protokoll funktioniert und wie Kryptowährungsunternehmen versuchen, dieses hochenergetische Konzept durch Proof-of-Stake zu ersetzen. Aber was ist Proof-of-Stake?

Transaktionen müssen immer noch validiert werden, damit neue Blöcke erstellt werden können; daran ändert sich nichts. Für die Validierung dieser Transaktionen sind jedoch keine großen Mining-Kapazitäten erforderlich, da der Energieverbrauch gering ist. Der Energieverbrauch ist gering und die Validierer erhalten Transaktionsgebühren und keine Block-Belohnungen, so dass die Belohnungen unterschiedlich und skalierbar sind und nicht das Mining großer Serverfarmen fördern.

Die Funktionsweise besteht darin, dass Validatoren einen bestimmten Betrag an Kryptowährung einsetzen müssen, um ein Validator zu werden. Bei Ethereum beträgt dieser Betrag 32 ETH. Dann werden zufällige Validierer ausgewählt, die entweder einen neuen Block erstellen oder andere Blöcke überprüfen und bestätigen.

Ein großer Sicherheitsvorteil dieser Art der Validierung besteht darin, dass die Blockchain nicht anfällig für einen 51%-Angriff ist. Dies kann nur passieren, wenn ein Miner oder ein Mining-Pool 51 % der Transaktionslösungskapazität des Netzwerks kontrolliert und dann damit beginnt, betrügerische Blöcke zu erstellen, die ihm selbst zugutekommen, und diejenigen für ungültig zu erklären, die ihm nicht zugutekommen. Mit Proof-of-Stake wäre niemand, nicht einmal ein Hacker, in der Lage, 51 % des Kryptowährungsnetzwerks zu besitzen, und selbst wenn sie es täten, hätte ein Angriff keinen Sinn, da dadurch auch ihr Anteil angegriffen würde.

Off-Chain-Transaktionen

Off-Chain-Transaktionen bezeichnen Transaktionen, die außerhalb der Blockchain stattfinden. Sie können durch den Austausch von privaten Schlüsseln an eine vorherrschende Wallet oder durch die Einschaltung einer dritten Partei erfolgen. Dies ist, was PayPal tut, um seine Transaktionen zu ehren.

Off-Chain-Transaktionen können sofort durchgeführt werden, ohne Transaktionsgebühren und mit höherer Sicherheit. Irgendwann müssen diese jedoch der Blockchain hinzugefügt werden, um im Hauptbuch aufgezeichnet zu werden. Es fallen also Kosten an, die aber nicht sehr hoch sind.

Der größte Nachteil dabei ist, dass die Vertrauenswürdigkeit, die Transparenz und die Dezentralisierung, für die die Blockchain und die Kryptowährungen geschaffen wurden, auf der Strecke bleiben.

KAPITEL 3:

Wie funktioniert ein NFT?

Jeder nicht-fungible Token besteht aus zwei Teilen. Es gibt den Token, der auf der Blockchain lebt, und dann gibt es den Vermögenswert selbst, egal ob es sich um ein digitales Kunstwerk, ein Video oder eine andere Art von digitalem Vermögenswert handelt.

Blockchains sind äußerst energieineffizient, solange sie sich nur um Token und Kryptowährung kümmern. Der Energiebedarf ist einer der Gründe dafür, dass digitale Vermögenswerte nicht zusammen mit dem Token, das auf sie verweist, in der Blockchain gespeichert werden.

Jeder andere Token auf der Blockchain, wie z. B. Bitcoin, würde durch seinen Wert und nicht durch seine einzigartigen Eigenschaften definiert werden. Bei NFTs ist das Gegenteil der Fall. Sie werden durch ihre einzigartigen Eigenschaften definiert und nicht durch einen angeborenen Wert. Der Wert von NFTs besteht darin, dass sie, wie die meisten Sammlerstücke, dem ausgeliefert sind, was die Leute bereit sind, für sie zu zahlen.

Wenn Sie beispielsweise einen Tweet gekauft haben, der als NFT geprägt wurde, würde dieser Tweet nicht zusammen mit dem Token in der Blockchain gespeichert werden. Er würde auch auf Twitter verbleiben. Wenn Twitter jedoch aus irgendeinem Grund seinen Betrieb einstellt, würde Ihr digitaler Vermögenswert mit ihm verschwinden. Der von Ihnen gekaufte NFT würde ihn nicht zurückbringen, und es gibt keinen materiellen Vermögenswert, auf den Sie Anspruch erheben könnten.

Es kommt auch vor, dass skrupellose Personen urheberrechtlich geschützte digitale Güter als NFTs prägen und verkaufen. Wenn Sie das Pech haben, so etwas zu kaufen, und die Regierung kommt daher und beschlagnahmt den digitalen Vermögenswert unter dem Vorwand des Urheberrechts, schützt Sie Ihr Eigentum an dem Token auf der Blockchain nicht.

Dies hat die Menschen jedoch nicht davon abgehalten, Wege zu finden, NFTs zu Geld zu machen, in NFTs zu investieren und sie als einmalige und einzigartige Gegenstände zu sammeln.

Die Frage, was Sie wirklich besitzen

Hier kollidieren Logik, abstraktes Denken und Philosophie, denn alles hängt vom virtuellen Wert und der Verfügbarkeit der NFT ab.

Allein der Wert von Kryptowährungen wurde heftig diskutiert, als sie noch neu waren. Viele Skeptiker betrachteten sie als imaginäres Geld. Denn wenn man es nicht in der Hand halten oder in einen Automaten stecken konnte, wie konnte man dann behaupten, dass es überhaupt real war?

Es ist ein psychologisches Kaninchenloch, in das man hinabsteigen kann, ohne jemals den Boden zu erreichen. Viele Konzepte, die die Menschen als konkrete Realitäten betrachten, sind ebenso wenig greifbar. Freundschaft, Liebe, Angst, oder wie wäre es mit einem Trauschein? Garantiert ein Trauschein, dass Sie das Herz eines anderen Menschen besitzen? Das Einzige, was der Trauschein garantiert, ist, dass Sie eine rechtliche Handhabe haben, wenn die Dinge nicht so laufen wie geplant. Die nicht greifbaren Realitäten, die durch die Lizenz repräsentiert werden, Dinge, die nicht durch die Lizenz geregelt oder kontrolliert werden können, sind Dinge, die als nicht real angesehen werden könnten. Aber für viele Menschen sind sie sehr real, und sie bauen ihr Leben um sie herum auf.

So wie ein Trauschein, ein Führerschein, ein Jagdschein, ein Geschäftsvertrag oder eine Urkunde für ein Grundstück auf immaterielle Dinge hinweisen, die nicht quantifiziert werden können, so weist ein nicht fungibles Token auf der Blockchain auf etwas Wertvolles hin, das ein Käufer oder Sammler sehr schätzen könnte. Wenn es für sie real ist, dann ist es real genug.

Und für jemanden, der in den NFT-Wahn einsteigen will, ist es realistisch, wenn er bereit ist, Geld für NFTs auszugeben, die Sie erstellen.

NFT

Blockchain

Blockchain-basierte NFTs ermöglichen es Nutzern, digitale Vermögenswerte zu besitzen. Dieses Eigentum an digitalen Vermögenswerten unterscheidet sich jedoch von physischem Eigentum, da diese Arten von Vermögenswerten nur in bestimmten, zweckgebundenen Kontexten existieren, wie z. B. auf Marktplätzen, in Spielen und dergleichen, was es zumindest im Moment schwieriger macht, sie zu bewegen. Wenn die Blockchain-Technologie ins Spiel kommt, kann sie eine Koordinierungsebene für digitale Vermögenswerte bereitstellen, die den Nutzern das Eigentum und die Erlaubnis zur Verwaltung dieser Vermögenswerte gewährt und die Beziehungen der Entwickler zu ihren Vermögenswerten verändert. All dies ist dank sechs Schlüsseleigenschaften möglich, die die Regeln für NFTs festlegen und die Merkmale darstellen, die sie einzigartig machen.

Normung

Normen dienen dazu, ein einheitliches Regelwerk zu schaffen, das es ermöglicht, NFTs plattformübergreifend zu integrieren, interoperabel zu machen und ihren Nutzwert zu erhöhen, indem ihre Anwendbarkeit erweitert wird.

Wie bei allen Arten von Technologien stellen Normen wiederholbare und gemeinsame Vorgehensweisen in einem bestimmten Kontext dar. Standards entstehen aus dem Bedürfnis, Zeit und Ressourcen zu sparen, indem unnötige Prozesse eliminiert werden, und sind innerhalb der Gemeinschaft allgemein anerkannt. Eine Referenznorm ist immer notwendig, um sicherzustellen, dass alle Beteiligten in einer konformen Weise arbeiten.

Wenn die Tokenisierung eines digitalen Vermögenswerts innerhalb der Blockchain stattfindet, werden diese Token durch gemeinsame, wiederverwendbare und vererbbare Standards eingeschrieben. Mit anderen Worten: Es handelt sich um von Entwicklern vereinbarte und entwickelte Methoden, die es NFTs ermöglichen, auf unterschiedliche Weise zu arbeiten. Jeder digitale Vermögenswert wird anders dargestellt - z. B. kann ein Spiel seine Sammlung auf eine völlig andere Weise darstellen als ein Veranstaltungsticket. NFTs basieren auf einem gemeinsamen, öffentlichen System, dessen Standards grundlegende Funktionen wie Eigentum, Übertragung und Zugangskontrolle umfassen. Dies bedeutet, dass mehrere erworbene NFTs innerhalb derselben Anwendung miteinander interagieren können, wenn sie auf demselben Standard basieren. Programmierer können dann Anwendungen erstellen, die im Wesentlichen den gleichen Code verwenden, um alle Token innerhalb einer dezentralen Plattform, wie z. B. dem Ethereum-Netzwerk, zu nutzen. Die drei wichtigsten NFT-Tokenisierungsstandards auf der Ethereum-Blockchain sind:

- ERC721
- ERC998
- ERC1155

Das Akronym ERC steht für Ethereum Request for Comments. Jeder kann Standards erstellen, aber es ist Aufgabe des Autors, sie zu erklären und für ihre Unterstützung in der Gemeinschaft zu werben. Da Ethereum auf der Blockchain-Technologie basiert, gibt es nicht eine Person, die die Kontrolle übernehmen und Änderungen oder Anpassungen an den Protokollen vornehmen kann. Der ERC wurde ins Leben gerufen, damit Menschen dem Ethereum-Netzwerk Informationen zur Verfügung stellen oder neue Funktionen einführen können, so dass der ERC die Art und Weise ist, wie Programmierer Änderungen am Netzwerk vorschlagen. Die Nummern 721, 998 und 1155 stellen die Codes für diese Vorschläge dar. ERC721 wurde 2018 von Cryptokitties eingeführt, wobei jede Katze, die adoptiert, gepflegt und aufgezogen werden sollte, durch eine NFT repräsentiert wurde. Vor diesem Standard konnten Menschen fungible Token wie Ether erstellen, aber mit ERC721 können Programmierer Token mit verschiedenen Eigenschaften, Merkmalen und Typen erstellen, die alle von ein und demselben Smart Contract stammen. ERC721 ist der NFT-Standard, mit dem NFTs erstellt und ausgetauscht werden können. Er ist zwar der beliebteste plattformübergreifende, leicht zu integrierende und verfügbare NFT-Standard, hat aber je nach Anwendungsfall auch einige Ineffizienzen.

ERC998 hat eine spezielle Funktion und wurde geschaffen, um die Übertragung mehrerer ERC721-NFTs innerhalb des Netzwerks in einer einzigen Bündeltransaktion zu ermöglichen, anstatt mehrere zu machen. Mit diesem Standard besitzen Sie nicht nur eine NFT, sondern diese NFT kann auch Ihre eigenen NFTs enthalten, wie in einer Art Bündel. Wenn ein NFT verkauft wird, werden auch alle dazugehörigen Token verkauft. Die Übertragung der

Zusammensetzung der NFT bedeutet also die Übertragung der gesamten Hierarchie der zugehörigen Elemente. Ein Cryptokitty kann zum Beispiel einen Kratzbaum und einen Futternapf besitzen, die fungible Token enthalten können, und beim Verkauf des Cryptokitty werden auch alle damit verbundenen Gegenstände verkauft.

Der ERC1155-Token ist eine Art Standard-Token, der unter seiner Kontrolle Token speichern kann, die sich wie ein ERC20- oder ERC721-Token oder wie beide gleichzeitig unter derselben Adresse verhalten können.

ERC1155 wurde von Enjin entwickelt, einer Ethereum-Plattform, die es ermöglicht, nicht-fungible Token und fungible Token im selben Vertrag zu erstellen. Die Standardisierung der NFT-Ausgabe ermöglicht ein höheres Maß an Interoperabilität, was den Nutzern zugutekommt. Dies bedeutet, dass einzigartige Vermögenswerte relativ einfach zwischen verschiedenen Anwendungen übertragen werden können. Das beste Beispiel für ERC1155 findet sich in Blockchain-Spielen. Anstatt für jedes Spielelement einen neuen Vertrag zu benötigen, können mehrere Elemente mit demselben Vertrag erstellt werden. Wenn im Spiel beispielsweise sowohl Waffen als auch Kryptomünzen gesammelt werden können, können Sie beides mit ERC1155 schreiben, wodurch die für den effizienten Betrieb von Blockchain-basierten Spielen erforderlichen Ressourcen drastisch reduziert werden.

Interoperabilität

Wie wir bereits erwähnt haben, verwenden alle NFTs dieselben Standards, damit sie auf derselben Ebene und auf derselben Ethereum-Plattform operieren können. Dies ermöglicht die Übertragung von NFTs über mehrere Ökosysteme hinweg, wo sie sofort sichtbar und handelbar sind. Auf der Grundlage gleicher Nutzungsmerkmale - d. h. durch Standardisierung - ermöglicht die Interoperabilität, dass NFTs auf offenen Marktplätzen frei gehandelt werden können.

Marktfähigkeit

Dies ist das erste Mal, dass Nutzer auf der ganzen Welt NFTs erstellen können, die sofort auf Marktplätzen im gesamten Ökosystem verfügbar sind. Hier können die Menschen NFTs kaufen, handeln, verkaufen und versteigern. Das Ausmaß dieser Eigenschaft liegt in der

Umstellung von Verkäufen innerhalb geschlossener Marktplätze auf die Möglichkeiten, die ein Marktplatz mit einer offenen und freien Wirtschaft bietet. Die Leichtigkeit, mit der jeder Nutzer NFTs erstellen und dann über die Blockchain weltweit handeln kann, ist erstaunlich.

Liquidität

Dieser Begriff wird verwendet, um den Grad der Aktivität auf einem Markt zu beschreiben. Die Geschwindigkeit und Effizienz von Blockchain-basierten Marktplätzen führen zu einer hohen Liquidität, die beschreibt, wie viele Personen auf dem Marktplatz handeln und wie oft. Eine hohe Liquidität bedeutet, dass Artikel schnell und häufig verkauft werden. Ein auf der Blockchain-Technologie basierender Marktplatz ermöglicht genau diese Effizienz und Schnelligkeit beim Kauf und Tausch, wie dies bei Bitcoins der Fall ist, die beispielsweise auf Coinbase oder Binance problemlos gegen echte oder Fiat-Währung gehandelt werden können.

Wie bei jeder anderen Investition muss jeder in der Lage sein, Token schnell zu verkaufen und zu kaufen, ohne den Preis senken zu müssen. Um dies zu ermöglichen, muss der Markt, auf dem Sie handeln, liquide sein. Mit anderen Worten: Es muss eine hohe Handelsaktivität herrschen, und die Geld- und Briefkurse dürfen nicht zu weit auseinander liegen.

Der NFT-Markt muss ein hohes Volumen und eine gute Liquidität aufweisen, insbesondere für Investoren, die NFTs kaufen, weil sie wissen, dass sie eine große Gemeinschaft von Personen haben, an die sie sie dann verkaufen können. Aus diesem Grund ist es wichtig, die wichtigsten NFT-Projekte, in die investiert werden soll, im Auge zu behalten. Ob ein Markt liquide oder illiquide ist, lässt sich am besten anhand von drei Indikatoren feststellen: dem Handelsvolumen pro Tag, der Tiefe des Orderbuchs und dem Abstand zwischen Geld- und Briefkurs, der als Geld-Brief-Spanne bezeichnet wird.

Mit NFTs ist es auch möglich, die Tokenisierung von realen Vermögenswerten voranzutreiben. Diese NFTs könnten Bruchteile von physischen Vermögenswerten darstellen, die als Token auf einer Blockchain gespeichert und gehandelt werden können. Dies könnte die dringend benötigte neue Liquidität in viele Märkte bringen, die sonst nicht viel haben, wie Kunstwerke, Immobilien, seltene Sammlerstücke und mehr.

Unveränderlichkeit und nachweisbare Knappheit

Unveränderlichkeit ist, wie der Name schon sagt, die Fähigkeit einer Blockchain, unverändert zu bleiben, so dass sie unveränderlich und unauslöschlich bleibt. Einfacher ausgedrückt: Die Daten innerhalb der Blockchain können nicht verändert werden. Technisch gesehen ist die Blockchain wie eine unveränderliche Datenbank konfiguriert, und es ist nicht möglich, die bereits in der Blockchain enthaltenen Daten zu manipulieren.

Jeder Block besteht aus Informationen, z. B. den Einzelheiten einer Transaktion, und verwendet ein kryptografisches Prinzip, das als Hash-Wert bezeichnet wird. Dieser Hash-Wert besteht aus einer alphanumerischen Zeichenkette, die von jedem Block separat erzeugt wird. Jeder Block enthält nicht nur einen Hash-Wert, der sich auf ihn selbst bezieht, sondern auch den des vorherigen Blocks. Auf diese Weise wird sichergestellt, dass die Blöcke rückwirkend gepaart werden. Auf diese Weise stellt dieses Merkmal der Blockchain-Technologie sicher, dass niemand in das System eindringen oder die im Block gespeicherten Daten verändern kann.

Die gängigste Hash-Funktion ist SHA256, oder Secure Hash Algorithm 256. Der Hashwert schützt jeden Codeblock einzeln. Beim Hashing wird eine Zeichenfolge von 64 Zeichen erzeugt. Unabhängig von der Größe der Eingabe ist die feste Länge der Zeichenfolge, die als digitale Signatur bezeichnet wird, immer gleich. Sie bezieht sich auf die exakt eingegebenen Daten, und die Schlüsseleigenschaft dieses Hash-Wertes ist, dass er nicht entschlüsselt werden kann. Das Wort unveränderlich wird verwendet, um auf etwas hinzuweisen, das niemals verändert werden kann. Die Unveränderlichkeit ist der Schlüssel, der digitalen Vermögenswerten Authentizität verleiht und Knappheit einführt. Unveränderlichkeit bedeutet, dass das, was z. B. einer bestimmten Person in einem Spiel gehört, nicht bewegt oder verändert werden kann.

Programmierbarkeit

NFTs sind vollständig programmierbar. Sie können z. B. so programmiert werden, dass sie auf Auslöser oder Aktionen des Besitzers reagieren. Sie können auch auf externe Auslöser wie die Uhrzeit oder den Spielstand eines Spiels reagieren. Die Programmiermöglichkeiten von NFTs sind endlos.

Wie funktioniert NFT?

NFTs werden mit Hilfe einer Reihe von Rahmenwerken erstellt und ausgegeben. ERC-721, ein Standard für die Ausgabe und den Austausch von nicht-fungiblen Vermögenswerten auf der Ethereum-Blockchain, ist das bekannteste dieser Frameworks. NFTs werden auf der permanenten Ethereum-Blockchain aufgebaut, was bedeutet, dass sie nicht verändert werden können. Niemand kann den Besitz einer NFT wegnehmen oder sie duplizieren. Sie sind außerdem "erlaubnisfrei", was bedeutet, dass jeder eine NFT erstellen, kaufen oder verkaufen kann, ohne um Erlaubnis zu bitten. Und schließlich ist jede NFT ein Unikat und kann von jedem verwendet werden.

Ja, es ist wie eine einmalige Sammelkarte, die in einem immer geöffneten Schaufenster ausgestellt ist und die jeder zu schätzen weiß. Doch nur eine Person (oder eine Kryptowährungsgeldbörse, um genau zu sein) kann sie zu einem bestimmten Zeitpunkt besitzen. In diesem Buch wird ein virtuelles Kunstwerk, z. B. ein Bild, als Fallbeispiel verwendet. Bei der NFTs-Plattform ist es jedoch wichtig zu beachten, dass es nicht nur um das Bild geht (das leicht repliziert werden kann). Die Tatsache, dass es als digitale Entität in der Blockchain existiert, ist das, was es auszeichnet.

ERC-1155 ist der neueste und erweiterte Standard. Er ermöglicht es, dass ein bestimmter Vertrag sowohl fungible als auch nicht-fungible Token enthält, was eine Welt der Möglichkeiten eröffnet. Die Standardisierung der NFT-Ausgabe ermöglicht eine größere Interoperabilität, was den Nutzern langfristig zugutekommt. Dies bedeutet im Wesentlichen, dass bestimmte Vermögenswerte problemlos von verschiedenen Anwendungen gemeinsam genutzt werden können. Auf die Standardisierung von NFTs wird im weiteren Verlauf des Buches noch näher eingegangen.

Wenn Sie die Eleganz Ihrer NFTs aufbewahren und bewundern möchten, ist Trust Wallet der richtige Ort dafür. Ihr NFT hat eine Adresse, genau wie andere Blockchain-Token. Es sei daran erinnert, dass NFTs ohne die Zustimmung des Eigentümers, einschließlich des NFT-Emittenten, nicht dupliziert oder getauscht werden können. NFTs können an offenen Börsen wie OpenSea gehandelt werden. Diese Marktplätze bringen Käufer und Verkäufer zusammen, und jeder Token hat seine Bedeutung. NFTs unterliegen naturgemäß Preisschwankungen als Reaktion auf Angebot und Nachfrage auf dem Markt.

Aber wie können solche Gegenstände als wertvoll angesehen werden? Wie jeder andere nützliche Gegenstand wird auch der Wert eines nützlichen Objekts von den Menschen bestimmt, die ihn für wertvoll halten. Wert ist im Wesentlichen eine gemeinsame Überzeugung. Dabei spielt es keine Rolle, ob es sich um Fiat-Währung, seltene Steine oder ein Auto handelt; sie alle haben einen Wert, und die Menschen glauben, dass sie ihn haben. Warum nicht auch digitale Sammlerstücke? Auf diese Weise wird jedes wertvolle Objekt wertvoll.

Merkmale von NFTs

- Nicht interoperabel

CryptoPunks können nicht als Charaktere im CryptoKitties-Spiel verwendet werden und umgekehrt. Dies gilt auch für Sammlerstücke wie Sammelkarten; eine Blockchain-Heldenkarte funktioniert nicht im Sammelkartenspiel Gods Unchained.

- Unteilbar

NFTs sind im Gegensatz zu Bitcoin-Satoschis unteilbar und können nicht in kleinere Fraktionen aufgeteilt werden. Sie existieren nur als eine vollständige Einheit.

- Unzerstörbar

Jeder Token kann nicht verloren gehen, gelöscht oder reproduziert werden, da alle NFT-Daten durch die Blockchain-Technologie in der Blockchain gespeichert werden. Der Besitz dieser Token ist auch unveränderlich, was bedeutet, dass die Spieler und Inhaber ihre NFTs besitzen und nicht die Unternehmen, die sie herstellen. Dies steht im Gegensatz zum Kauf von Musik im iTunes-Store, wo die Verbraucher nicht notwendigerweise die Musik besitzen, die sie kaufen; stattdessen erwerben sie die Erlaubnis, sie zu hören.

- Nachprüfbar

Ein weiterer Vorteil der Speicherung früherer Eigentumsdaten in der Blockchain besteht darin, dass Objekte wie digitale Kunst bis zum ursprünglichen Hersteller zurückverfolgt werden können, wodurch die Notwendigkeit einer Authentifizierung durch Dritte entfällt.

NFTs Knappheit

Der Hersteller eines NFT ist für die Bestimmung der Knappheit des Vermögenswertes verantwortlich. Nehmen wir den Kauf einer Eintrittskarte für ein Fußballspiel. Der Hersteller eines NFT kann entscheiden, wie viele Replikate es gibt, so wie ein Veranstaltungsmanager die Anzahl der zu verkaufenden Eintrittskarten bestimmen kann. 5000 Eintrittskarten zum Beispiel sind oft exakte Nachbildungen. Ein Ticket mit einem zugewiesenen Sitzplatz kann beispielsweise in mehreren Exemplaren ausgestellt werden, die sehr identisch sind, sich aber leicht unterscheiden. In einem anderen Szenario könnte der Ersteller eine einmalige NFT als einzigartiges Sammlerstück herstellen wollen.

Jede NFT wird auch eine spezifische Kennung haben (wie ein Strichcode auf einem Standard-"Ticket") und in diesen Szenarien nur einen Inhaber. Die geplante Knappheit der NFTs ist wichtig, und es liegt im Ermessen des Herstellers. Es kann sein, dass ein Hersteller jedes NFT zu etwas ganz Besonderem machen möchte, um eine Seltenheit zu erzeugen, oder er kann gute Gründe haben, Tausende von Kopien herzustellen. Denken Sie daran, dass all dieses Material der Allgemeinheit zur Verfügung steht.

NFTs und Ethereum

Mit Ethereum können NFTs für eine Vielzahl von Zwecken eingesetzt werden:

- Es ist einfach, die Besitzverhältnisse aufzuzeigen, da Transaktionsaufzeichnungen und Token-Metadaten öffentlich überprüfbar sind.
- Es ist fast unmöglich, den Besitz einer Transaktion zu "stehlen", nachdem sie verifiziert wurde.
- Der Handel mit NFTs kann auf Peer-to-Peer-Basis erfolgen, ohne dass dafür Websites erforderlich sind, die hohe Provisionen akzeptieren.

Das "Backend" aller Ethereum-Produkte ist das gleiche. Anders ausgedrückt: Alle Ethereum-Produkte können miteinander kommunizieren, sodass NFTs über die Produkte zugänglich sind. Sie können einfach eine NFT auf einem Vermögenswert kaufen und sie auf einem anderen verkaufen. Als Maker können Sie Ihre NFTs auf mehreren Vermögenswerten gleichzeitig anzeigen lassen, wobei für jeden Vermögenswert die neuesten Eigentumsdaten angezeigt werden.

Da Ethereum nie ausfällt, können Sie Ihre Token immer noch verkaufen.

Bruchteilseigentum

Schöpfer von NFTs können auch "Anteile" für ihre Assets erstellen. Dies ermöglicht es Händlern und Fans, einen Teil eines NFTs zu besitzen, ohne den gesamten Vermögenswert kaufen zu müssen. Dies erweitert die Anzahl der Möglichkeiten, die NFT-Minern und -Sammlern zur Verfügung stehen. Fraktionierte NFTs können nicht nur auf NFT-Märkten, sondern auch auf DEXs wie Uniswap getauscht werden. Dadurch wird sichergestellt, dass es mehr Käufer und Verkäufer gibt.

Der Preis der Bruchteile eines NFT kann zur Ermittlung seines Gesamtpreises herangezogen werden. Sie haben eine bessere Chance, die Dinge, die Ihnen wichtig sind, zu besitzen und davon zu profitieren. Heutzutage ist es schwieriger, aus dem Preis für den Kauf von NFTs herauszukommen. Mehr über den Besitz von Fractional NFTs können Sie auf NIFTEX, NFTX erfahren.

Im Prinzip können die Menschen dann zum Beispiel ein Picasso-Gemälde besitzen. Man wird Anteilseigner einer Picasso-NFT, was bedeutet, dass man über Themen wie die Gewinnbeteiligung abstimmen kann. Es ist möglich, dass der Besitz eines Anteils an einer NFT in nicht allzu ferner Zukunft zur Teilnahme an einer dezentralen autonomen Organisation (DAO) für die Vermögensverwaltung berechtigt.

Ethereum-basierte Organisationen ermöglichen es Fremden, wie z.B. globalen Vermögensbesitzern, sicher zusammenzuarbeiten, ohne sich gegenseitig vertrauen zu müssen. Das liegt daran, dass kein Geld ohne die Zustimmung der gesamten Partei ausgegeben werden kann. Es handelt sich um einen sich entwickelnden Markt - NFTs, DAOs und fraktionierte

Token entwickeln sich alle in unterschiedlichem Tempo. Da sie jedoch alle die gleiche Sprache sprechen: Ethereum, alle ihre Technologie bleibt und kann leicht zusammenarbeiten.

KAPITEL 4:

Warum haben NFTs einen Wert?

Einer der Hauptunterschiede zwischen Kryptowährungen und NFTs besteht darin, dass das Angebot einer Kryptowährung fest ist. Das Angebot einer NFT kann sich je nach der Absicht des Erstellers ändern.

Wie viel Ihr Token wert ist, hängt von den wirtschaftlichen Aspekten von Angebot und Nachfrage ab. Wenn viele Token verfügbar sind, wird es für die Menschen schwieriger, sie zu einem hohen Preis zu verkaufen, da viele andere Menschen ebenfalls versuchen, ihre Token zu verkaufen.

Dieses Konzept ist besonders wichtig, wenn man über digitale Sammlerstücke (wie CryptoKitties) nachdenkt. Als CryptoKitties zum ersten Mal veröffentlicht wurde, waren nur sehr wenige Kätzchen im Umlauf. Jedes Kätzchen war eine Menge Geld wert, weil es nur sehr wenige Kätzchen gab.

Jetzt, wo Tausende von CryptoKitties im Umlauf sind, ist der Preis für jedes Kätzchen gesunken, weil es für die Leute viel einfacher ist, ihre Kätzchen zu einem hohen Preis zu verkaufen. Schließlich versuchen auch viele andere Menschen, ihre Kätzchen zu verkaufen. Das gleiche Konzept gilt für jedes NFT.

Wenn Sie möchten, dass Ihr Token viel Geld wert ist, sollten Sie versuchen, ihn zu verknappen, damit weniger Token im Umlauf sind.

Warum sind NFTs so teuer?

Traditionelle digitale Vermögenswerte gibt es schon seit vielen Jahren, aber sie haben sich im Laufe der Jahre nicht sehr verändert. Bei NFTs besteht jedoch die Möglichkeit, dass sie sich in den kommenden Jahren stark verändern werden. Sie können sich verändern, indem sie sicherer werden, mehr Akzeptanz bei Entwicklern und Spielern finden und eine breitere Unterstützung durch Börsen und andere Organisationen erhalten.

Aus diesem Grund könnten NFTs weitaus wertvoller werden als herkömmliche digitale Vermögenswerte. Dies liegt daran, dass sie das Potenzial haben, echtes Eigentum an Gegenständen im Spiel und sogar an anderen Dingen wie Grundstücken oder sogar an materiellen Gütern wie Autos oder Häusern zu schaffen.

Ein weiterer Grund, warum NFTs so besonders sind, ist, dass sie für jeden, der sie in seinen Spielen oder auf seinen Plattformen verwenden möchte, wirklich quelloffen sind. Aus diesem Grund können Entwickler einzigartige Spiele und Anwendungen entwickeln, ohne sich Gedanken über Urheberrechtsverletzungen oder andere rechtliche Probleme zu machen, die bei der Verwendung von NFTs mit anderen Technologien wie der Blockchain-Technologie oder intelligenten Verträgen auftreten können. Der Grund dafür ist, dass alles bereits in das NFT-Protokoll integriert ist und dass alles Open Source ist.

Dienstprogramm

Der Nutzwert des NFT wird dadurch bestimmt, wie er verwendet werden kann. Spieleigenschaften und Tickets sind zwei Hauptkategorien mit hohem Nutzwert. Ein seltenes und starkes Crypto Space Commander-Schlachtschiff wurde beispielsweise 2019 für 45.250 $ verkauft. Der Wert eines NFT-Tickets entspricht den Kosten für ein Veranstaltungsticket.

Es ist jedoch äußerst schwierig, Interoperabilität zu erreichen. 90 % der NFT-Spieler spielen jeweils nur ein Spiel. Das liegt daran, dass die Entwickler zunächst ein umfangreiches Spiele-Ökosystem mit attraktiven Anwendungsfällen aufbauen müssen. Sowohl Dapper Labs als auch Engin arbeiten in diese Richtung. Auch wenn es noch viele Unbekannte gibt und ein erheblicher Zeit- und Arbeitsaufwand erforderlich ist, ist die Branche insgesamt begeistert.

Geschichte der Eigentümerschaft

Der Wert eines NFT wird durch die Identität des Emittenten und der früheren Eigentümer bestimmt. Berühmte Künstler oder Unternehmen mit einem Firmennamen bauen oder emittieren ebenfalls NFTs mit einem hohen Wert im Hintergrund. Es gibt zwei Möglichkeiten, den Wert Ihres Eigentums zu erhöhen. Die erste besteht darin, NFT-Token in Zusammenarbeit mit Unternehmen oder Einzelpersonen auszugeben, die eine starke Marke haben. Dies zieht automatisch Nutzer und Besucher in das Ökosystem. Der erste zugelassene NFT, der ein Formel-1-Fahrzeug repräsentiert, wurde zum Beispiel für 113.124 US-Dollar verkauft. Die zweite Möglichkeit besteht darin, NFTs weiterzuverkaufen, die früher prominenten Personen gehörten. Derzeit ist es schwierig festzustellen, wer die früheren Besitzer waren, auch wenn dies eine nützliche Information in den Daten ist. Um den Wert von NFTs zu steigern, sollten Marktplätze und Verkäufer eine einfach zu bedienende Überwachungsschnittstelle haben. OpenSea zum Beispiel wird die Adressen der Investoren hervorheben, die mit dem Verkauf von NFTs das meiste Geld verdienen, und die anderen NFTs auflisten, die sie besitzen.

Zukünftiger Wert

Der potenzielle Wert eines NFT wird sowohl durch Bewertungsverschiebungen als auch durch den künftigen Cashflow bestimmt. Die Spekulation treibt die Bewertung an und ist manchmal die Haupttriebkraft für den Marktanstieg. Im Dezember 2017 sprang beispielsweise der Preis von CryptoKitty #18 in nur drei Tagen von 9ETH auf 253ETH. Einige mögen argumentieren, dass Marktbewegungen aufgrund von Bewertungen für NFTs schädlich sind. Spekulation ist jedoch ein natürlicher Teil der menschlichen Existenz und ein wesentlicher Bestandteil des derzeitigen Finanzsystems.

Die Zinsen oder Dividenden, die der ursprüngliche Eigentümer des NFT erhält, werden als künftiger Cashflow bezeichnet. SuperRare zum Beispiel zahlt den Urhebern von NFT-Kunstwerken jedes Mal, wenn ihr Werk anschließend auf dem Sekundärmarkt verkauft wird, eine Lizenzgebühr von 3 %. Unternehmen werden sich in Zukunft Ideen von Defi-Erfindungen ausleihen. NFTs sind Immobilien, die vermietet und mit Sicherheiten versehen werden können, um weiteren Cashflow zu erzielen. In einem Spiel können die Spieler für einen Tag ein bestimmtes Spielobjekt anfordern, um eine Mission zu erfüllen.

Liquiditätsprämie

NFT hat einen höheren Wert, weil es viel Liquidität gibt. Die Liquiditätsprämie ist der Hauptgrund, warum On-Chain-Vermögenswerte eine höhere Bewertung haben sollten als Vermögenswerte, die außerhalb der Kette generiert werden. Jeder, der ETH besitzt, kann ERC-Standard-NFTs ohne Reibungsverluste auf Sekundärmärkten tauschen, was die Zahl der potenziellen Käufer erhöht. Da Liquidität das Risiko des Besitzes von NFTs verringert, neigen Investoren dazu, in NFT-Kategorien mit hohem Handelsvolumen zu investieren. Selbst wenn die NFT nach der Schließung der entsprechenden Plattform ihren Nutzwert verliert, behält eine hochliquide NFT ihren Wert, solange Menschen sie kaufen und verkaufen können. NFT-Standards, die nicht auf Ethereum basieren, leiden dagegen unter mangelnder Liquidität, und der Wert von NFT, die auf diesen Plattformen produziert werden, wird häufig abgewertet.

Um die Interaktion und die NFT-Liquidität zu erhöhen, müssen Unternehmen eine Token-Ökonomie schaffen, die es den Nutzern ermöglicht, zu handeln. Sport kann beispielsweise dazu führen, dass Spieler Vermögenswerte tauschen, um im Spiel wettbewerbsfähig zu bleiben, und NFT-Vermögenswerte können an Wert verlieren, wenn sie zu lange ungenutzt bleiben.

KAPITEL 5:

Wie lässt sich der Wert eines NFT bestimmen?

Sammlerstücke und Konsens

Das Wichtigste beim Sammeln ist, dass es keinen objektiven Wert gibt. Wenn Sie eine Aktie erwerben, kaufen Sie einen Teil der künftigen Cashflows des Unternehmens. Folglich können Sie einen zugrunde liegenden Wert berechnen, indem Sie die künftigen Cashflows schätzen und auf die Gegenwart abzinsen. Auch wenn dies nicht alle Händler tun, und heute vielleicht nur eine Handvoll, kann der zugrunde liegende Wert geschätzt werden.

Andererseits haben Sammlerstücke keine zukünftigen Cashflows und hängen nur vom Konsens ab, um ihren Wert zu bestimmen. Wert und Verkäuflichkeit werden durch das kollektive Bedürfnis der Gruppe auf der Grundlage ihrer Bewertung der Sammlung bestimmt. Etwas ist nur dann sammelbar oder sammelwürdig, wenn es Teil einer Gruppe ist. Der Einzelne mag einen Basquiat für das verehren, was er für sich selbst bedeutet. Doch die Anerkennung des Genies eines Künstlers durch die Gemeinschaft erzeugt eine Nachfrage nach dem Werk, so dass Originale im Wert von Millionen von Dollar und nicht für 20 Dollar an der Straßenecke zu haben sind.

Ein Sammlerstück hat zwar keinen Wert in Form von Geld, kann aber einen Wert in Form von emotionalen Gefühlen des Käufers haben, weshalb die erste Regel für jeden regelmäßigen Sammler darin besteht, Gegenstände zu erwerben, die einem gefallen. Zumindest werden Sie eine gewisse Freude an dem Gegenstand haben, selbst wenn er sich als nutzlos erweist.

Wichtige Punkte zur Erinnerung

Nicht-fungible Wertmarken sind mehr als nur Sammlerstücke; sie haben auch eine Fülle von realen Verwendungsmöglichkeiten.

Seltenheit, Nutzen und Greifbarkeit sind die drei wichtigsten Aspekte, die bei der Bestimmung des Wertes eines NFT zu beachten sind.

Sammler und Händler von nicht-fungiblen Token finden auf Binance, dem weltweit führenden Marktplatz für reguläre Künstler-NFTs, eine vielfältige Auswahl an NFTs sowie Premium-Verkäufe und Mystery-Box-Kollektionen von führenden Marken und Schöpfern rund um den Globus.

Die Landschaft der Kryptowährungen steht niemals still. Alle paar Jahre macht jedoch eine neue Art von Kryptowährung einen bedeutenden Eindruck auf dem Markt, was zu einem sprunghaften Anstieg der Bewertungen und dem Aufkommen vieler neuer Anwendungen führt.

Als Bindeglied zwischen der digitalen und der realen Welt haben sich NFTs praktisch in jedem Bereich der dezentralen Landschaft verbreitet. NFTs sind, wie der Name schon sagt, einzigartige Token, die ihren Besitzern unveränderliche Eigentumsrechte an bestimmten Vermögenswerten gewähren.

NFTs sind auf dem Kryptowährungsmarkt als eine Vermögenswertkategorie, die mit einem Kunstwerk, einem Paar Schuhe oder einem Sammlerstück in einem Videospiel verbunden sein kann, äußerst begehrt.

Faktoren, die sich auf den Wert eines NFT auswirken

Da es sich um eine junge Kategorie von Vermögenswerten handelt, ist es schwierig, den genauen Wert eines nicht-fungiblen Tokens zu ermitteln. Während ein greifbares Kunstwerk wie die Mona Lisa und physische Sammlerstücke wie NBA-Spielerkarten einen festen Wert haben, können Händler, die nicht-fungible Token in Betracht ziehen, nur schwer feststellen, ob ein bestimmtes Vermögen oder Sammlerstück ihre Investition wert ist und ob sie es wirklich wollen oder brauchen.

Da NFTs jedoch in vielen Branchen an Bedeutung gewinnen und einen hohen Wert erreichen, haben sich drei Hauptvariablen für die Bestimmung ihres Wertes herauskristallisiert.

Rarität

Dieser Faktor bestimmt, wie selten und "schwer zu finden" eine bestimmte NFT ist. Ein einzigartiges Kunstwerk eines bekannten digitalen Künstlers oder eine NFT, die von einer bekannten Persönlichkeit entwickelt wurde, sind beides Beispiele für Seltenheit. Eine weitere seltene Überlegung ist zum Beispiel die Auswirkung, die eine solche NFT auf ein Videospiel haben könnte.

Die Menschen fühlen sich von solchen NFTs aufgrund ihres inhärenten Wertes angezogen, der noch dadurch gesteigert wird, dass der Inhaber der NFT auch über einen Blockchain-Beweis des Eigentums verfügt. Dies schafft ein Gefühl der Unverwechselbarkeit und definiert den Premium-Wert der NFT.

Die ersten CryptoKitties, Everydays - The First 5000 Days von Beeple und andere sind hervorragende Beispiele für den besonderen Einfluss auf die Kryptowährungslandschaft.

Dienstprogramm

Die reale Verwendung eines NFT bestimmt seinen Nutzen, ob in der physischen oder digitalen Umgebung. Bestimmte nicht-fungible Token können beispielsweise in Spielen als virtuelle Gebiete, Zaubersprüche oder Charaktere eingesetzt werden, so dass sie mehr als nur Sammlungen sind. Aus diesem Grund haben nicht-fungible Token einen unmittelbaren Wert, der im Laufe der Zeit auf der Grundlage der Akzeptanz des zugrunde liegenden Projekts wächst. Wenn die Community eines dezentralen Spiels wächst, werden immer mehr Spieler bereit sein, viel Geld für eine besondere Karte zu bezahlen.

Euro 2020 NFT-Tickets, Dezentraland-Eigentum und Sammelkarten wie Geralt von Rivia in The Witcher Universe Gwent Card Game sind Beispiele für diese NFTs.

Berührbarkeit

Bestimmte NFT sind mit physischen Gegenständen verknüpft und bieten einen Wert in Bezug auf Greifbarkeit und Unveränderlichkeit des Eigentums. Im Prinzip kann alles durch ein nicht fungibles Token unterstützt werden, um Eigentumsrechte zu begründen. Dies macht den Gegenstand jedoch nicht selten oder wertvoll. Der praktische Nutzen, die Seltenheit und die persönliche Befriedigung, die dieses Objekt den Teilnehmern bietet, beeinflussen den zugrunde liegenden Wert. So ist beispielsweise eine Eintrittskarte zu einer exklusiven Veranstaltung mit Stars, die mit einem nicht vertretbaren Token versehen ist, sowohl intrinsisch als auch persönlich weitaus begehrenswerter als ein nicht vertretbarer Token, der mit einem Flaschenverschluss verbunden ist.

Die NFT mit greifbarem Wert eignen sich besonders für den kurzfristigen Handel auf dem Markt, was die Marktpraktikabilität betrifft. Denn wie Eintrittskarten können diese NFTs ein Verfallsdatum haben. Andere Sammlerstücke, wie z. B. NFT-gebundene Schuhe in limitierter Auflage, können im Laufe der Zeit an Wert gewinnen, wenn die Zahl der verfügbaren Produkte abnimmt.

Marke

Ein Sammlerstück ohne Marke hat mit Sicherheit keinen Markt, und folglich wird sein Wert nicht durch Knappheit erhöht. Die Marke bestimmt den Wert des Sammlerstücks. Die angeborenen Eigenschaften des Künstlers und des Motivs sowie die äußeren Qualitäten der Einflussfaktoren ergeben zusammen die Marke eines bestimmten Sammlerstücks.

Das Thema ist alles, worum es bei dem Sammlerstück geht. Das kann eine Reihe von Tagesproduktionen sein, wie z. B. Beeple's Everydays: The First 5,000 Days, 8-Bit-

Kunstwerke oder Sportstars wie TopShot. Bestimmte NFTs sind mit Influencern verknüpft, wie z. B. das BitClout-Experiment mit Creator Coins, die Berühmtheiten symbolisieren.

Da der Schöpfer und der Gegenstand untrennbar miteinander verbunden sind, sind sie beide grundlegende Aspekte des Gegenstands. Ein Beeple ist ein Beeple und wird immer ein Beeple sein. Ein TopShot von LeBron wird für immer ein TopShot von LeBron sein. Der Wert von Beeples Arbeit wird ebenso wie der Wert von LeBrons TopShot mit seinem Erfolg steigen und fallen.

Knappheit

Wir müssen zunächst die Knappheit analysieren, bevor wir über die von den Marktteilnehmern erzielten Preise sprechen können. Knappheit wirkt als Verstärker für den Wert, den die Marke eines Sammlerstücks erzeugt. Knappheit hat ähnliche Unterkategorien wie die Marke: absolute Knappheit, relative Knappheit und Verfügbarkeit.

Die Anzahl der verfügbaren Produkte einer bestimmten Marke wird als absolute Knappheit bezeichnet. Es gibt nur 10.000 Krypto-Punks auf der Welt, und es werden nie mehr als 10.000 sein. Es scheint eine Menge TopShot-Momente im Vertrieb zu geben, und es wird erwartet, dass die Zahl mit der Veröffentlichung neuer Momente steigt.

Die relative Seltenheit eines Produkts bezieht sich darauf, wie selten es im Vergleich zur gesamten Sammlung ist. Nur 88 Zombies, 24 Affen und 9 Aliens sind unter den 10.000 Cryptopunks, was diese Punks begehrenswerter macht, da es weniger von ihnen gibt. Bestimmte Momente - ikonische Momente - haben eine begrenzte Anzahl von TopShot-Momenten im Umlauf. Im Vergleich zu typischen Momenten, von denen es so viele Versionen gibt, sind von den seltensten nur 25 Exemplare erhältlich.

Ein Hauptmerkmal von NFTs ist die bekannte Knappheit. Händler wissen genau, wie viele Exemplare eines bestimmten Produkts in absoluten und relativen Zahlen existieren. Im Gegensatz dazu wissen Sammler von physischen Gütern wie Sportkarten, Fahrzeugen oder Schuhen möglicherweise nicht, wie viele Exemplare eines bestimmten Artikels existieren.

Der Künstler bestimmt sowohl die absolute als auch die relative Knappheit, die sich auf das Produkt auswirken kann. Wenn eine Marke über die Verknappung hinaus wertvoll ist, wird sie immer von mehr Verknappung profitieren. Keine Marke ist nur aufgrund ihrer Knappheit attraktiv. Um einen ersten Wert zu erzeugen, muss die Marke einzigartig sein.

Absolute und relative Knappheit wirken sich auf die Verfügbarkeit aus, d. h. auf die Anzahl der Produkte, die mit einer bestimmten Marke verbunden sind und jederzeit zum Kauf angeboten werden. Es gibt weniger Möglichkeiten für Händler, von der Marke zu sammeln, wenn das Produkt eine höhere absolute Knappheit aufweist, und weniger Chancen für Käufer, genau dieses Sammelobjekt zu sammeln, wenn das Produkt eine höhere relative Knappheit aufweist. In Kombination mit einer starken Nachfrage, die von Influencern ausgelöst wird, bedeutet mehr Knappheit ein begrenztes Angebot, was zu unvorhersehbaren Preissteigerungen führt.

Märkte

Der Markt bestimmt die Preise auf der Grundlage von Marke und Seltenheit. Frühere Verkäufe, bewertete Preise und ähnliche Verkäufe sind allesamt Marktelemente, die den Wert einer Sammlung beeinflussen.

Frühere Verkäufe sind die beste Grundlage für den Wert eines Artikels, da es sich um Preise für das betreffende Sammlerstück handelt. Frühere Verkaufspreise für Gegenstände dienen oft als Untergrenze für künftige Verkaufspreise, sofern es keine negativen Markenveränderungen gibt. Es gibt häufig Ausnahmen von diesem Grundsatz, insbesondere wenn sich eine Sammlerstückklasse mitten in einem Boom befindet, dessen Abbruch sich negativ auf die Marke auswirken könnte.

Vor allem bei hochpreisigen Objekten werden gelegentlich Schätzpreise in Verbindung mit einem Angebot oder einer Auktion angeboten. Experten ermitteln Schätzpreise unter Berücksichtigung früherer Verkaufspreise, des Künstlers, des Themas und der Seltenheit. Außerdem berücksichtigen sie ähnliche Verkäufe, was das letzte Marktmerkmal ist.

Die Preise, zu denen ähnliche Artikel verkauft werden, werden als ähnliche Verkäufe bezeichnet. Ähnliche Verkäufe werden auch häufig zur Ermittlung von Immobilienpreisen herangezogen. Im Fall von Cryptopunks könnte jeder bestimmte Punkpreis als Vergleich für jeden anderen Punk in derselben Artikelkategorie herangezogen werden; allerdings werden bei ähnlichen Verkäufen die einzigartigen Eigenschaften des Artikels nicht berücksichtigt. Der Verkauf eines Affenpunks könnte einen Anhaltspunkt für den Wert eines Außerirdischen liefern, aber nur als Datenpunkt, nicht als genaue Zahl.

Makro

Ein weiterer Faktor, der sich auf alle Sammlermärkte auswirkt, ist die Wirtschaft, die nichts mit dem Gegenstand selbst zu tun hat. Wenn es der Wirtschaft gut geht, sind die Menschen eher bereit, Geld für Gegenstände aller Art auszugeben. Wenn es um die Preisgestaltung von Sammlerstücken geht, ist die Wirtschaft so etwas wie ein eigenständiges und unvorhersehbares Element. Die Kryptowährungswirtschaft ist der einzige andere Faktor bei NFTs, abgesehen von dem Wissen, dass es sie gibt. Wenn Kryptowährungen im Vergleich zu Fiat-Währungen gut abschneiden, wird der Bedarf an NFTs steigen. Ich glaube, wenn die Kryptowährungsmärkte scheitern, wird die Nachfrage nach NFTs leiden. In jedem Fall werden NFTs, die in Kryptowährung gekauft werden, anscheinend in Fiat-Währung an Wert gewinnen, wenn der Preis der Kryptowährung steigt, und an Wert verlieren, wenn der Preis der Kryptowährung fällt.

Geschichte der Eigentümerschaft

Der Wert eines nicht-fungiblen Tokens wird durch die Identität des Schöpfers und der früheren Inhaber bestimmt. Beliebte Schöpfer oder Unternehmen mit einer starken Marke schaffen oder emittieren in der Regel NFTs mit einem enormen Wert in der Eigentümergeschichte. Es gibt zwei Ansätze, um den Wert Ihres Assets zu steigern. Der erste besteht darin, NFT-Token in Zusammenarbeit mit Unternehmen oder Personen mit einer starken Marke anzubieten. Dies zieht normalerweise Teilnehmer und Besucher in die Landschaft. Der erste autorisierte NFT, der ein Formel-1-Auto repräsentiert, wurde beispielsweise für 113.124 US-Dollar versteigert. Die zweite Möglichkeit ist der Wiederverkauf von NFTs, die früher einflussreichen Persönlichkeiten gehörten. Derzeit ist es schwierig festzustellen, wer der frühere Besitzer war, obwohl dies eine wertvolle Information ist. Um den Wert von nicht-fungiblen Token zu erhöhen, können Märkte und Händler eine einfache Tracking-Schnittstelle anbieten. OpenSea kann beispielsweise die Adressen von Händlern hervorheben, die das meiste Geld mit Investitionen in NFTs verdienen, und die anderen NFTs auflisten, die sie besitzen.

Zukünftiger Wert

Der künftige Wert eines nicht fungiblen Tokens wird sowohl anhand von Bewertungsänderungen als auch anhand des künftigen Cashflows berechnet. Die Spekulation treibt den Wert an und ist manchmal der Hauptfaktor für den Preisanstieg. So ist beispielsweise der Preis von CryptoKitty #18 in nur drei Tagen von 9ETH auf 253ETH gestiegen. Viele mögen behaupten, dass Preisverschiebungen aufgrund von Bewertungen für NFTs schädlich sind. Spekulationen sind jedoch ein natürlicher Aspekt des menschlichen Verhaltens und ein wichtiger Aspekt des bestehenden Finanzsystems. Schöpfer können den Wert von NFTs steigern und neue Nutzer anziehen, indem sie die richtige Balance finden. Begrenztes Angebot und Spekulation beeinflussen die Bewertung. Preis-/Leistungsdiagramme von nicht-fungiblen Token-Produkten können die Spekulation anregen, ebenso wie die Darstellung von Wertsteigerungen. StockX, eine Turnschuhbörse, wird teilweise mit 1 Milliarde Dollar bewertet, weil sie die Verbraucher dazu anregt, auf den Preis von Turnschuhen zu wetten, wodurch ein ungewöhnlicher Turnschuhmarkt entsteht.

Die Zinsen oder Tantiemen, die der ursprüngliche Eigentümer des NFT erhält, werden als künftiger Cashflow bezeichnet. SuperRare zum Beispiel zahlt den Produzenten von NFT-Kunstwerken eine 3 %ige Lizenzgebühr, wenn ihr Werk später verkauft wird. Unternehmen können in Zukunft Ideen aus DeFi-Entwicklungen übernehmen. NFTs sind Vermögenswerte, die geleast und besichert werden können, um einen höheren Cashflow zu erzielen. In einem Spiel können die Spieler einen Tag lang ein bestimmtes Spielgut anfordern, um ein Ziel zu erreichen.

Liquiditätsprämie

Eine höhere Liquiditätsprämie bedeutet einen höheren NFT-Wert. Die Liquiditätsprämie ist der Schlüsselfaktor, warum On-Chain-Produkte einen höheren Wert haben sollten als Produkte, die außerhalb der Kette entwickelt werden. Jeder, der ETH besitzt, kann ERC-Standard-NFTs ohne Reibungsverluste auf Sekundärmärkten handeln, wodurch sich die Zahl der möglichen Käufer erhöht. Da Liquidität das Risiko des Haltens von NFTs verringert, handeln Händler mit Anlageklassen mit hohem Handelsvolumen. Selbst wenn der Nutzwert einer NFT sinkt, wenn die entsprechende Plattform geschlossen wird, behält eine hochliquide NFT ihren Wert, wenn Menschen bereit sind, sie zu kaufen und zu verkaufen. NFT-Standards, die von Ethereum nicht unterstützt werden, sind dagegen von mangelnder Liquidität betroffen, und der Wert der auf diesen Plattformen generierten NFT sinkt häufig. Um die Akzeptanz und die Liquidität von NFT zu verbessern, müssen die Unternehmen eine Token-Ökonomie anbieten, die die Teilnehmer zum Handel anregt. Bei Spielen kann es beispielsweise erforderlich sein, dass die Spieler Vermögenswerte austauschen müssen, um im Spiel aktiv zu bleiben, und NFT-Vermögenswerte können an Wert verlieren, wenn sie so lange inaktiv sind.

Viele haben sich über den Rahmen für die Bewertung von Sammlerstücken gestritten. Sie argumentieren, dass sie sich nicht auf eine einfache Berechnung reduzieren lässt. Die Bewertung von Sammlerstücken ist eher eine Kunst als eine Wissenschaft. Sie sind der Meinung, dass Personen, die die Kunstfertigkeit dieser Übung zu schätzen wissen, besser abschneiden werden als Personen, die einen strengeren Ansatz verfolgen. Das Gleiche gilt für andere Bereiche der Geldanlage, insbesondere für Aktien. In diesem Sinne können wir Risikokapital und Aktien als Analoga für den Handel mit Sammlerstücken und NFTs betrachten.

Der Wert des NFT kann als Funktion von vier Faktoren berechnet werden, von denen einige bereits erläutert wurden.

NFT-Wert Rahmen und Möglichkeiten

- NFT = Nutzwert + Besitzgeschichte + Zukunftswert + Liquiditätsprämie

Der Wert wird auf der Grundlage des Vermögenswerts, den der nicht-fungible Token symbolisiert, variabel auf diese vier Faktoren aufgeteilt. Händler können dieses Paradigma nutzen, um zu entscheiden, ob ein nicht verpfändbarer Token es wert ist, in ihn zu investieren, und NFT-Schöpfer können überlegen, wie sie den Wert von NFTs erhöhen können, um Nutzer und Händler anzulocken. Die Hauptaussage ist, dass NFTs sowohl für Schöpfer als auch für Inhaber von Vermögenswerten eine Reihe neuer Möglichkeiten zur Wertschöpfung eröffnen.

Sammlerstücke als Risikokapital

Jede Sammlung, die gekauft wird, bevor eine Marke geschaffen wurde, sollte als eine unternehmerische Investition in der Frühphase (Pre-Seed oder Seed) betrachtet werden. In Sammlerstücke zu investieren, bevor ein Unternehmen gegründet wurde, ist vergleichbar mit der Investition in einen Wettbewerber, bevor man einen passenden Produktmarkt gefunden hat. Sie setzen darauf, dass der Schöpfer, das Thema oder beides durch das Interesse einer Gruppe von Influencern berühmt wird. Es ist sogar großartig, wenn Sie selbst ein Influencer sind. In diesem Fall sind Sie ein wertschöpfender VC.

Die Seltenheit muss beim Aufbau einer Sammlung von Sammel-VCs berücksichtigt werden. Völlige Verknappung würde die Klasse der Sammlerstücke attraktiver machen, und Sie müssen Ihr Geld in die einigermaßen seltenen Produkte investieren. Im Falle eines Pre-Brand-Sammelstücks wird der Wettbewerb auf dem Markt gering sein, ähnlich wie bei Pre-Seed und Seed VC. Etwaige Vergleiche werden sich auf den aktuellen Wert auswirken, sollten aber keinen allzu großen Einfluss auf Ihre Gesamteinschätzung der Sammlerklasse haben.

Rechnen Sie mit vielen Nullen. Es ist besser, ein breit gefächertes Portfolio aufzubauen, wie bei einem Start-up, denn die meisten Marken werden nie erfolgreich sein. Die beste Absicherung für jede Investition in eine sich entwickelnde Sammlung ist es daher, Dinge zu erwerben, die Sie lieben, und nicht nur solche, von denen Sie erwarten, dass sie im Wert steigen werden.

KAPITEL 6:

Welche Arten von NFTs gibt es?

Es gibt viele verschiedene Arten von nicht-fungiblen Token, von denen jeder seinen eigenen Zweck und sein eigenes Wertversprechen hat. Token können in vier große Kategorien eingeteilt werden: Token, Sammlerstücke, digitale Güter, notarielle Dienstleistungen und Derivate. Alle diese Kategorien können auf der Cryptassist-Börse gefunden werden, wenn sie später in diesem Jahr an den Start geht. Im Folgenden werden wir auf jede dieser Kategorien näher eingehen.

Wertmarken

Token sind die einfachste Art von NFTs; sie repräsentieren etwas, haben aber keinen Nutzen außerhalb dieser speziellen Funktion. Das beste Beispiel ist CryptoKitties - jeder Token repräsentiert eine einzigartige Katze, und man kann sie züchten, um seltene Kätzchen zu erschaffen oder sie mit anderen Spielern zu tauschen.

Sammlerstücke

Sammelbare NFTs sind ähnlich wie Wertmarken, werden aber oft als wertvoller angesehen, da sie nur in begrenzten Mengen erhältlich sind. Sie haben in der Regel eine Geschichte hinter sich, die dem Token mehr Bedeutung und Wert verleiht. Beispiele für Sammlerstücke sind CryptoKitties (mit niedlichen Namen wie "The Goku" und "The Genesis") und Rare Pepes (die Frosch-Memes, die als Scherz auf Reddit entstanden sind). Sammlerstücke können weiter in Unterkategorien unterteilt werden, je nachdem, ob es sich um ein digitales oder physisches Sammlerstück handelt. Das konkreteste Beispiel für ein physisches Sammlerstück ist ein In-Game-Gegenstand für Spiele wie Fortnite oder Call of Duty.

Digitale Güter

Digitale Güter sind im Wesentlichen die digitale Version von Sammlerstücken. Es handelt sich dabei oft um kurzlebige Gegenstände, die eine bestimmte Menge und ein begrenztes Angebot haben. Beispiele dafür sind Skins für Fortnite oder Spiele wie Candy Crush sowie seltenere Gegenstände wie Münzen in Spielen wie Pokémon Go, Mega Man oder Hearthstone. Das jüngste Beispiel für digitale Güter ist Crydee's NFT Trading mit ihrer Denarium-Version der amerikanischen Goldadler.

Notarielle Dienstleistungen

Notar-Service-Token sind nicht auf ein bestimmtes Objekt oder digitales Produkt beschränkt, sondern repräsentieren einfach die Fähigkeit, als Notar für etwas anderes zu handeln. Cryptassist hat bereits mit Notariatsdiensten für zwei verschiedene Bereiche begonnen: einen Notariatsdienst namens "Everyone Can Notary", der es Ihnen ermöglicht, alle auf der Blockchain eingereichten Dokumente einzusehen und zu genehmigen, und einen Notariatsdienst für Banken, der es ihnen ermöglicht, elektronische Dokumente direkt an die Blockchain zu senden.

Derivate

Wie NFTs sollen auch Derivate wertvoller sein als herkömmliche Finanzanlagen. Derivate sind jedoch insofern einzigartig, als sie weder einen tatsächlichen Vermögenswert darstellen noch in der Blockchain existieren. Das bedeutet, dass Derivate keinen greifbaren Wert haben, der über ihre Fähigkeit hinausgeht, einen zugrunde liegenden Vermögenswert (z. B. physisches Gold) zu repräsentieren.

Andererseits haben traditionelle Finanzanlagen einen Wert, der jedoch von der Stabilität des Finanzmarktes abhängt. Der Hauptanwendungsfall für Derivate ist die Absicherung gegen Preisschwankungen in anderen Anlageklassen. Derzeit werden einige Derivate in Form von Futures und Optionen gehandelt. Dieser Bereich entwickelt sich jedoch schnell weiter, und die Händler experimentieren derzeit mit einigen neuen Konzepten, um neue Derivatprodukte zu schaffen.

NFTs oder Non-Fungible Tokens sind eine Art digitales Sammlerstück, das auf der Blockchain gekauft, verkauft und gehandelt werden kann.

Es gibt heute viele verschiedene Arten von NFTs, aber lassen Sie uns auf drei der bekanntesten eingehen:

- League of Legends Very Rare Skins - Diese sehr begehrten Skins bringen den Spielern viele Vorteile im Spiel. Wenn du einen besitzt, kannst du vielleicht mit einem anderen Charakter als deinem eigenen spielen oder auf exklusive Inhalte zugreifen. Einige exklusive Skins sind nur durch die Teilnahme an einem Turnier erhältlich.
- Cryptokitties - Cryptokitties ist eine Ethereum DApp, die Smart Contracts verwendet, um den Besitz von einzigartigen digitalen Katzen zu emulieren. Im Spiel können Sie Ihr digitales Kätzchen sammeln, züchten und handeln, um neue Kätzchen zu machen oder es an andere Spieler für Ethereum zu verkaufen. Das Spiel ist so beliebt geworden, dass im Dezember 2017 über 3 Millionen Ether für Kätzchen ausgegeben wurden.
- Tetris Ultimate Drop - Dieser Token gibt dir Zugang zum Tetris Ultimate Drop-Modus, der auf mehreren Geräten wie Xbox One, PlayStation 4 und Smartphones mit einer

Smartphone-App gespielt werden kann. Das Spiel wurde über 20 Millionen Mal heruntergeladen, und es ist leicht zu verstehen, warum es so viele Tetris-Fans gibt.

Nachdem Sie nun wissen, wie NFTs aussehen und inwiefern sie eine Art digitales Sammlerstück sind, werfen wir einen Blick auf die wichtigsten Akteure in diesem Bereich:

Wer steckt hinter den NFTs?

Viele auf der Blockchain basierende Unternehmen nutzen NFTs für ihre Projekte, unter anderem:

- Coinsilium - Dieses Unternehmen begann als Investmentfirma, wandelte sich aber schnell zu einem Entwickler von Kryptoanlagen. Sie arbeiten daran, die Vorteile der Blockchain-Technologie mit traditionellen rechtlichen Verträgen, Compliance und Vermögensverwaltung zu kombinieren. Sie haben auch ihre NFT namens CoSi entwickelt.
- EverdreamSoft - Everdream Soft ist ein Spieleentwicklungsunternehmen, das für sein Spiel Spells of Genesis (SoG) bekannt ist. Das Unternehmen hat kürzlich sein erstes Blockchain-basiertes Trading Card Game mit einem Marktplatz im Spiel veröffentlicht. Dieser ermöglicht es den Spielern, Karten, die sie nicht wollen, gegen Ingame-Währung oder andere Karten, die ihnen vielleicht besser gefallen, zu tauschen.
- Enjin (www.enjincoin.io) - Enjin ist eine Gaming-Community-Plattform, die Spieleentwicklern Tools zur Erstellung, Verwaltung und Vermarktung ihrer Spiele bietet. Zusätzlich zu einem In-Game-Währungssystem, das mit Spielen auf der Plattform verwendet werden kann, haben sie auch ihren ERC-20 Token namens ENJ, der für den Kauf von Dingen innerhalb des Enjin-Ökosystems verwendet werden kann.
- Gameflip - Gameflip ist ein Marktplatz, auf dem Sie Videospiele für Kryptowährungs-Token, sogenannte FLIPs, kaufen und verkaufen können. Sie können auch In-Game-Gegenstände, Spielschlüssel und digitale Downloads kaufen und verkaufen.

NFTs sind passive Einkommensanlagen

Der Großteil des Wertes dieser Art von Token stammt aus dem Sekundärmarkt, wo Menschen sie gegen Kryptowährung oder andere NFTs handeln oder verkaufen können. Aus diesem Grund sind NFTs eher eine passive Einkommensinvestition als eine Ausgabe wie der Kauf einer Aktie, die einen spekulativen Wert hat.

Viele verschiedene Spieleentwicklungsunternehmen versuchen, die Blockchain-Technologie zu nutzen, um einzigartige Sammlerstücke zu erschaffen; wir haben heute jedoch nur drei von vielen vorgestellt. Es ist leicht zu verstehen, warum sie so beliebt sind, denn es macht Spaß, sie zu sammeln, und sie bieten ihren Besitzern auch ein passives Einkommen. Nachdem Sie nun wissen, wie NFTs aussehen und wie sie verwendet werden, wollen wir einen Blick auf die wichtigsten Akteure in diesem Bereich werfen.

KAPITEL 7:

Wie kann man in NFTs investieren?

Der Kryptowährungsraum reift und es gibt jetzt mehr Möglichkeiten für Sie, Token zu kaufen, als zu Beginn der Entwicklung. Wenn Sie darüber nachgedacht haben, in diesen Bereich einzusteigen, wird Ihnen dies helfen, einige der weniger bekannten Aspekte zu verstehen, die Neulinge in ihrem Streben nach Krypto-Reichen stolpern lassen können.

Non-Fungible Tokens (NFTs) versuchen, digitale Knappheit zu schaffen, indem sie jeden Token an eine bestimmte Einheit in einem Spiel oder einer anderen Art von virtueller Welt binden. Sie stellen einzigartige virtuelle Gegenstände dar, die keinen intrinsischen Wert haben.

Um das klarzustellen: NFTs sind keine Token, die Anteile an einem Unternehmen repräsentieren. Vielmehr sind es spielspezifische Token, die man in einer spielbasierten Welt besitzen und handeln kann. Stellen Sie sich CryptoKitties auf die gleiche Weise vor: Sie sind digitale Zuchtkarten für digitale Katzen in einer digitalen Welt, aber ohne wirklichen Wert in der realen Welt, abgesehen von dem, was die Leute bereit sind, für sie zu bezahlen.

Während Sie Token kaufen können, um sie in einem Spiel zu verwenden, werden die meisten NFTs nur an Kryptobörsen gehandelt und nicht im Spiel selbst verwendet. Wenn Sie also ein Spiel spielen und die Token, die als Belohnungen in diesem Spiel verwendet werden, in die Hände bekommen möchten, würde ich Ihnen empfehlen, sich den nativen Token anzusehen. Das liegt daran, dass die meisten NFTs nahezu nutzlos sein werden, sobald das Projekt abgeschlossen ist.

Nachdem wir nun erklärt haben, was NFTs sind und wie sie sich von herkömmlichen Kryptowährungen unterscheiden, wollen wir nun einige der Möglichkeiten durchgehen, wie Sie sie kaufen (und möglicherweise gewinnen) können. Hinweis: Dies ist keineswegs eine vollständige Liste der Möglichkeiten, eine NFT zu erwerben. Dies sind nur einige der beliebtesten.

Airdrops

Oftmals werden NFTs über Airdrop verteilt. Ein "Airdrop" ist, wenn ein Projekt Token kostenlos an Nutzer verteilt. Nehmen wir an, Sie haben das Glück, ein Projekt zu finden, das noch nicht so viele Mitglieder hat. In diesem Fall können Sie möglicherweise kostenlose Token erhalten, nur weil Sie einen bestehenden Coin halten (dies geschah kürzlich bei OmiseGo, wo Token für das Halten von OMG verteilt wurden).

- NFT Tracker - Eine großartige Website, die alle aktiven und anstehenden NFT-Projekte auflistet. Sie wird regelmäßig aktualisiert und bietet die Möglichkeit, nach Airdrop-Preis, Frist und mehr zu filtern.
- Token Tracker - Eine sehr einfache Seite, die nur Airdrops verfolgt, aber nicht die Filter von NFT Tracker hat.
- CoinMarketCal - Eine weitere großartige Seite, um anstehende Krypto-Events wie Airdrops zu finden. Der einzige Nachteil hier ist, dass sie nicht etwas Besonderes tun, um zwischen ihnen zu unterscheiden, wie NFT Trackers tut. Sie listen einfach alles, was sie finden können, in umgekehrter chronologischer Reihenfolge auf, ohne Filter oder Statistiken.

Jetzt kaufen

Die gängigste Art, einen NFT zu kaufen, ist über eine Börse. Sie werden wahrscheinlich in der Lage sein, den Token, den Sie suchen, an einer der großen Börsen zu finden, die sie unterstützen. Die meisten Token sind ERC-721-kompatibel und können daher an DEXs wie IDEX und ForkDelta gehandelt werden. Sie sollten sich jedoch vor dem Handel vergewissern, dass alles ordnungsgemäß funktioniert.

Ein paar Tipps für den Handel mit NFTs

Prüfen Sie zuerst, ob der Token unterstützt wird! Die größte Frustration, die ich erlebt habe, ist, wenn ich meinen ersten Handel mache und feststelle, dass das Paar nicht unterstützt wurde.

Informieren Sie sich über die Gebührenordnung Ihrer bevorzugten Börse und legen Sie eine angemessene Gebühr fest, wenn Sie vorhaben, viele Geschäfte zu tätigen.

Lesen Sie das Kleingedruckte! Viele Börsen haben Beschränkungen, wie Sie NFTs abheben können, oder sie können verlangen, dass Sie eine bestimmte Menge dieses Tokens halten, bevor Sie sie anfordern. Binance zum Beispiel verlangt, dass 100 % der Token, die Sie abheben möchten, aus dem Handel stammen.

Vergessen Sie nicht die Sonderveranstaltungen! Oft gibt es Wettbewerbe und Werbegeschenke, bei denen man sich kostenlose NFTs verdienen kann. Verfolgen Sie also die verschiedenen Communities, um Informationen darüber zu erhalten.

Gestalten Sie es selbst!

Schließlich können Sie auch Ihren nicht-fungiblen Token erstellen. Viele NFTs sind ERC-721-Token (ein spezieller Typ von Ethereum-Token, der so programmiert ist, dass er nicht fungibel ist), und als solcher können Sie die gleichen Schritte befolgen, die für die Erstellung jedes anderen ERC-721-Tokens verwendet werden. Lassen Sie sich von dem gruseligen Begriff nicht abschrecken! Es ist ein ziemlich unkomplizierter Prozess - wenn auch zeitaufwändig.

Warum muss ich Zeit in die Auswahl meiner Brieftasche investieren?

Es mag den Anschein haben, dass Sie sich keine Gedanken über die Art der Brieftasche machen müssen, wenn Sie nur eine Kryptowährung aufbewahren. Allerdings gehört zu einer Investition mehr als nur der Kauf eines einzelnen Coins oder Tokens an einer Börse. Die Wahl der Wallet für Ihre Münzen bestimmt, welche Art von Dienstleistungen diese Wallet anbietet.

- Börsen - Für fast jeden Token gibt es eine Börse, an der Sie ihn kaufen oder verkaufen können. Einige Börsen bieten eine breite Palette von Münzen an, während andere sich auf einige wenige spezifische Münzen konzentrieren. Eine gängige Art von Börse ist die Krypto-Krypto-Börse (auch als "Krypto zu Fiat" bezeichnet). Diese Börsen ermöglichen es Ihnen in der Regel, eine Kryptowährung gegen eine andere Kryptowährung oder eine Fiat-Währung (wie USD) zu tauschen.
- Hardware-Geldbörsen - Hardware-Geldbörsen sind physische Geräte, die mit Blick auf die Sicherheit entwickelt wurden. Sie speichern Ihre privaten Schlüssel offline und haben in der Regel mehrere verschiedene Sicherheitsfunktionen eingebaut. Einige von ihnen ermöglichen es Ihnen auch, sich mit dem Internet zu verbinden und Münzen über eine integrierte App auszutauschen. Ein großer Nachteil dabei ist, dass sie nur mit bestimmten Kryptowährungen funktionieren, so dass Sie möglicherweise mehr als eine benötigen, wenn Sie in mehrere verschiedene investiert haben.
- Software-Wallets - Software-Wallets sind Software-Anwendungen, die Ihre privaten Schlüssel online speichern und Ihren Computer mit dem Internet verbinden. Diese Wallets sind nicht ideal, um große Mengen an Kryptowährungen zu speichern, aber sie ermöglichen es Ihnen, jede Münze auf jeder Austauschplattform zu verwenden. Dies ist die bequemste Art, Kryptowährung zu speichern, da es keine physischen Geräte zu speichern und zu verwalten gibt.
- Papiergeldbörsen - Papiergeldbörsen sind Papierkopien Ihrer privaten Schlüssel, die Sie ausdrucken können. Dies ist der sicherste Weg, um Kryptowährungen zu speichern und ist der einfachste Weg für neue Investoren, um ihre Münzen sicher zu speichern. Der einzige Nachteil hier ist, dass Papier-Geldbörsen nicht immer immun gegen Hacks

sind, so ist es wichtig, dass Sie nur eine vertrauenswürdige Quelle verwenden, wenn Sie planen, eine zu verwenden.

- Hardware-Sicherheitsmodule (HSM) - Hardware-Sicherheitsmodule werden nicht immer als "Geldbörsen" bezeichnet, haben aber eine ähnliche Funktion. Sie werden oft als "private Austauschschlüssel" oder "private Schlüssel" und ähnliche Begriffe bezeichnet. Manchmal werden sie auch als "kalte Brieftaschen" oder "Air-Gapped-Wallets" bezeichnet, aber Hardware-Sicherheitsmodule speichern Ihre privaten Schlüssel nicht offline, so dass sie technisch gesehen keine kalten Brieftaschen sind.
- Mist/Ethereum-Wallet - Mist- und Ethereum-Wallets sind ähnlich, da sie Ihre privaten Schlüssel online speichern. Ethereum-Wallets haben auch einen eingebauten Austausch, der es Ihnen ermöglicht, zwischen Münzen zu tauschen. Allerdings müssen sie ihre Kryptowährung kaufen.

Börsen sind der einfachste Weg, um in Kryptowährungen zu investieren. Wenn Sie jedoch eine Menge Investitionen in mehrere Münzen haben, ist es eine gute Idee, Ihre Kryptowährungen direkt von der Blockchain zu kaufen. So haben Sie mehr Kontrolle über Ihre Investitionen und können sich beispielsweise eine persönliche Gewinn- und Verlustrechnung für jeden Coin auf der Grundlage seines Preises erstellen.

Das bedeutet, dass Sie immer nur einen einzigen Coin oder Token halten! Das ist jedoch nicht das Beste, was Sie mit Ihren Kryptowährungen tun können, da es extrem riskant ist, wenn der Preis zu fallen beginnt. Stattdessen sollten Sie diversifizieren, worüber wir oben gesprochen haben.

Warum muss ich diversifizieren?

Durch Diversifizierung verringern Sie einen Großteil des Risikos Ihrer Anlage. Wenn der Kurs einer Währung fällt, wirkt sich das nicht negativ auf all Ihre anderen Anlagen aus. Wenn Sie Münzen zu verschiedenen Zeitpunkten kaufen, können Sie sie auch getrennt verkaufen, was den Geldbetrag erhöht, den Sie verdienen können, ohne viel Zeit oder Mühe aufwenden zu müssen. So können Sie sicherstellen, dass Sie kein Geld verlieren, wenn der Preis sinkt.

Die meisten Wallets und Börsen verfügen über eine eingebaute Funktion, mit der die Nutzer problemlos Münzen von ihren Börsenkonten in persönliche Wallets übertragen können, die sie selbst kontrollieren. Dadurch wird auch die Kontrolle eines zentralisierten Unternehmens über Ihre Kryptowährung reduziert.

HODL! - HODL bedeutet "hold on for dear life", was genau das ist, was Sie tun müssen, wenn der Preis Ihrer Münze oder Ihres Tokens fällt. Halten Sie die Währung, die Sie gekauft haben, bis sich der Preis wieder erholt, denn wenn Sie niedrig kaufen und hoch verkaufen, ist es fast unvermeidlich, dass der Preis sinkt. Wenn der Preis niedrig genug ist, sollten Sie sie zum niedrigsten Preis verkaufen, damit Sie einen Gewinn erzielen, selbst wenn der Preis sinkt.

Wie kann ich mich von einem Verlust erholen?

Um zusätzliche Verluste zu vermeiden, wenn der Markt fällt, und sie in Gewinne zu verwandeln, wenn er sich erholt, ist es am besten, diese Schritte zu befolgen:

Warten Sie, bis der Preis Ihrer Münze oder Ihres Tokens um 50 % oder mehr gestiegen ist. Warten Sie, bis mindestens 3 Monate vergangen sind, und nutzen Sie dann die Gelegenheit, alle Ihre Verlustwährungen auf einmal zu kaufen. Da Sie alle diese Kryptowährungen gleichzeitig gekauft haben, werden sie viel mehr wert sein, als wenn Sie sie einzeln verkaufen würden. Jetzt, wo Sie alle Ihre Kaufaufträge platziert haben, warten Sie darauf, dass der Markt wieder ansteigt. Sobald der Preis um 50 % oder mehr gestiegen ist, verkaufen Sie alle Ihre Kryptowährungen auf einmal. Sie sollten nun aufgrund des Preisanstiegs einen Gewinn erzielen.

Dies ist wahrscheinlich der schwierigste Teil, wenn man sich von einem Verlust erholen will. Es kann schwierig sein, Geduld zu haben, während Sie darauf warten, dass sich die einzelnen Münzen in Ihrem Portfolio erholen, vor allem wenn sie jeden Tag mehr und mehr fallen. In solchen Zeiten zahlt sich Geduld jedoch aus, weil Sie später, wenn der Markt wieder an Wert gewinnt, Gewinne sehen werden. Wenn Sie in der Lage sind, zu warten und dies richtig zu tun, ist dies auch der einfachste Weg, um auf lange Sicht Gewinne zu erzielen!

Wie soll ich mein Geld anlegen?

Nachdem wir nun einige der allgemeinen Ideen für Investitionen in Kryptowährungen und Altcoins behandelt haben, wollen wir nun einige spezifische Optionen für die Anlage Ihres Geldes vorstellen. Unabhängig davon, für welche Option Sie sich entscheiden, ist es wichtig zu bedenken, dass es sich hierbei um Unternehmen im Frühstadium handelt, die extrem hohe Risiken aufweisen. Sie müssen sich darüber im Klaren sein, dass Sie auf eigenes Risiko investieren und dass es keine Garantien dafür gibt, dass sich eine dieser Investitionen auszahlen wird.

- HODL - HODL und Hold sind einfache Möglichkeiten, um "halten" zu sagen, wenn Sie über Kryptowährungen sprechen. Dies sind die beiden Schlüsselbegriffe, die Sie sich merken sollten, wenn es um Ihre Investitionen geht. HODL bedeutet, dass Sie an Ihren Kryptowährungen festhalten sollten, bis sie im Wert steigen. Mit anderen Worten: Wenn Sie eine Kryptowährung für 1 $ kaufen und sie innerhalb einer Woche auf 3 $ steigt, sollten Sie sie bis zur nächsten Preisänderung zu ihrem ursprünglichen Preis halten.
  HOLD ist ein ähnlicher Begriff, kann aber austauschbar mit HODL verwendet werden. Wenn Sie den Begriff "Hold" anstelle von "HODL" verwenden, bedeutet dies, dass Sie Ihre Kryptowährung nicht um jeden Preis verkaufen wollen. Es kann auch bedeuten, dass Sie Ihre Münzen für eine lange Zeit behalten wollen, aber das ist nicht dasselbe wie HODL. Halten bezieht sich eher auf einen starken Glauben an eine Kryptowährung.
- Kaufen und Halten (HODL) - Einen Vermögenswert zu kaufen und zu hoffen, dass sein Preis steigt, ist die einfachste Art, Geld zu verdienen, aber dennoch sehr riskant. Bei Kryptowährungen kann der Preis extrem schnell steigen und fallen, sodass Sie Ihr gesamtes Geld verlieren können, wenn Sie nicht vorsichtig sind.
- Niedrig kaufen und hoch verkaufen - Diese Methode erfordert mehr Geschick als nur einen Vermögenswert zu kaufen und darauf zu warten, dass sein Preis steigt. Es ist wichtig, ein tiefes Verständnis der Grundlagen von Kryptowährungen zu haben, sowie die Fähigkeit zu erkennen, wann ein Coin oder Token überbewertet sein könnte. Es ist

auch wichtig, dass Sie bereit sind, Ihre Investition für mindestens 6 Monate oder länger zu halten.

- Risikohinweis - Bitcoin und andere Kryptowährungen sind spekulative Vermögenswerte, die sehr volatil sind. Es ist nicht ratsam, mit Investitionen in Kryptowährungen Geld zu verdienen, und dies ist nur zu Informationszwecken gedacht. Der Autor garantiert keine Rendite für Ihre Investition. Sie sollten immer eine Due-Diligence-Prüfung durchführen, bevor Sie sich für eine Investition in eine Kryptowährung entscheiden.

Wie kann man einfach in Cryptocurrency investieren?

Es kann schwierig sein, in Kryptowährungen zu investieren, aber es gibt viele großartige Optionen für neue Investoren, die vielleicht noch nicht ganz so weit gehen wollen. Hier sind einige der einfachsten Möglichkeiten für Sie, in den Markt einzusteigen:

- Kaufen Sie einen Coin oder Token - Es gibt eine Menge Token-Verkäufe und ICOs, die jeden Tag herauskommen. Diese Gelegenheiten bieten Ihnen die beste Möglichkeit, in Kryptowährungen zu investieren, da Sie sich fast ohne Kosten an diesen Projekten beteiligen können. Es ist jedoch wichtig, dass Sie jede Gelegenheit gründlich recherchieren und nur investieren, wenn sie Ihrer Risikotoleranz entspricht.
- Krypto-Investitionen - Mehrere Kryptowährungs-Investitionsplattformen ermöglichen es Ihnen, kleine Beträge von Kryptowährungen in reale Vermögenswerte wie Aktien und Anleihen zu investieren. Dies ist eine großartige Möglichkeit, das Wasser zu testen, ohne in eine extrem riskante Investition wie Kryptowährung zu investieren.
- Kryptowährungshandel - Es gibt viele Devisenbörsen, an denen Sie Ihre Kryptowährungen mehr oder weniger direkt gegen andere Kryptowährungen, Fiat-Währungen und sogar reale Investitionen eintauschen können. Diese Börsen bieten eine sehr hohe Hebelwirkung und werden in der Regel von erfahrenen Händlern betrieben.
- Cryptocurrency Mining - Wenn Sie daran interessiert sind, mit dem Mining von Kryptowährungen Geld zu verdienen, dann recherchieren Sie das Mining von Kryptowährungen, um mehr Informationen darüber zu erhalten, wie Sie beginnen können.

KAPITEL 8:

NFT Handeln, Verkaufen und Tauschen

Wie macht man als Kreativer oder Künstler Umsatz?

Es gibt verschiedene Möglichkeiten, Ihre Arbeit zu verkaufen. Die gebräuchlichste ist der traditionelle Weg, bei dem Sie Ihr physisches Produkt verkaufen oder ein Angebot für einen Vertrag machen. Die Leute bezahlen Sie für die von Ihnen erbrachten Dienstleistungen und erhalten im Gegenzug die von Ihnen erbrachten Leistungen. In gewissem Sinne kaufen sie Ihre Zeit.

Wenn Sie ein Kunstschaffender oder ein Künstler sind und Ihre Werke massenhaft verkaufen möchten, wie können wir sie dann verkaufen und vermarkten? Verkaufen wir jedes einzelne Werk, das wir herstellen, oder verpacken wir es in ein attraktiveres Preissegment? Wenn wir sie in ein attraktiveres Preissegment verpacken, welches wäre das? Wie viel könnte jemand für ein einzelnes Kunstwerk bezahlen? Hier gibt es keine Regel; das hängt ganz von Ihnen als Künstler oder Schöpfer ab. Wenn Sie von Ihrer Kunst leben möchten, ist es vielleicht besser, sie zu verpacken und in kleineren Mengen zu verkaufen.

Wenn Sie regelmäßig kleine Mengen Ihrer Arbeiten verkaufen, können Sie sie zu einem höheren Preis anbieten. Das ermutigt mehr Leute, Ihre Arbeiten zu kaufen, und Sie verdienen weniger Geld pro Verkauf. Wenn Sie Ihre Arbeiten jedoch zu einer hochwertigen, handgefertigten Kollektion zusammenstellen, können Sie mehr pro Stück verlangen.

Wenn Sie Ihre Arbeiten in einem Album- oder Buchformat verpacken, werden die Leute höhere Preise zahlen, weil sie weniger Stücke kaufen werden. Je mehr Stücke sie kaufen, desto billiger wird der Preis pro Stück. Dies ist eine gute Möglichkeit, Ihre Gewinnspanne zu erhöhen, da Sie für diejenigen, die bereit sind, das Geld für Ihre endgültige Sammlung auszugeben, mehr pro Stück verlangen können.

Wenn Sie die Möglichkeit haben wollen, größere Umsätze zu erzielen, sollten Sie Ihre Arbeiten vielleicht in Einzelteilen zu niedrigeren Preisen verkaufen. Wenn Sie sie in einem Album oder Buch zusammenfassen, werden die Leute mehr für weniger Stücke bezahlen.

Wenn Sie jedoch nur kleine Mengen verkaufen, sind Sie gezwungen, mehr Kunstwerke oder Produkte herzustellen, um den gleichen Betrag zu verdienen wie jemand, der ein einziges

Werk verkauft. Wenn das nicht der Fall ist, werden Sie viel mehr Zeit und Energie in die Erstellung eines Kunstwerks investieren als die Person, die es in größerer Stückzahl verkauft.

Wenn Sie sich entscheiden, Ihre Werke in kleineren Stücken zu verkaufen, müssen Sie den Preis so gestalten, dass Sie genug Geld verdienen, um sich selbst zu versorgen. Wenn Ihre Kunstwerke sehr wertvoll sind und die Leute bereit sind, große Summen in den Kauf mehrerer Stücke zu investieren, müssen Sie nicht so viel Kunst herstellen, solange die Leute bereit sind, weiterhin zu kaufen. Wenn die Nachfrage nach Ihren Kunstwerken jedoch nicht groß genug ist oder sie nicht beliebt sind, sollten Sie stattdessen vielleicht billigere Kunstwerke verkaufen.

Das bedeutet, dass Sie, wenn Sie mehrere Artikel zu kleinen Preisen verkaufen wollen, jedes Stück zu einem sehr hohen Preis verkaufen müssen.

Wie können wir als NFT-Sammler die NFT bewerten?

Wir können eine Preisstruktur schaffen, die für die Gemeinschaft und die Sammler sinnvoll ist. Zu diesem Zweck müssen wir uns die folgenden Fragen stellen:

- Was macht einen guten NFT aus?
- Was macht einen schlechten NFT aus?
- Was unterscheidet eine gute NFT von einer schlechten NFT?
- Woher wissen wir, ob eine NFT wertvoll ist oder nicht?

Wenn eine NFT wertlos ist, kann sie nicht bewertet werden. Man kann eine NFT nur dann bewerten, wenn sie innerhalb der Gemeinschaft einen Wert hat. Wenn jemand in der Gemeinschaft sie wertschätzt, dann können Sie das vielleicht auch tun. Wenn sie jedoch von der Gemeinschaft insgesamt als wertlos angesehen wird, dann wird es niemand tun.

Ein NFT kann aus einer Vielzahl von Gründen wertlos werden. Es könnte sein, dass das Projekt über einen längeren Zeitraum kaum oder gar nicht vorankommt, oder es könnte sein, dass sich jemand von vornherein nie für die Fertigstellung des Projekts eingesetzt hat. Im Wesentlichen geht es darum, wie leicht Sie erkennen können, ob ein NFT etwas wert ist oder nicht. Wenn sie einen gewissen Wert für die Gemeinschaft hat, dann können Sie das erkennen und sie möglicherweise selbst nutzen.

Wenn Sie Ihre Arbeit mit einem NFT verkaufen, das Sie besitzen, müssen Sie ein Bewertungssystem für Ihre Arbeit erstellen. Sie müssen entscheiden, ob Sie für denselben Gegenstand mehr verlangen wollen, wenn er in einem NFT und nicht in einer herkömmlichen Währung angeboten wird. Wenn ja, wie viel mehr müsste dann jemand dafür bezahlen?

Am einfachsten lässt sich der Wert eines NFT ermitteln, indem man sich ansieht, was andere dafür bezahlen. Das heißt, wenn die Leute bereit sind, einen höheren Geldbetrag pro Aktie zu zahlen, dann können Sie eine höhere Provision verlangen. Dasselbe gilt für jede Währung auf der Grundlage ihres jeweiligen Marktwerts.

Sie müssen auch wissen, wie viel Zeit und Energie in die Herstellung des Artikels geflossen ist, damit Sie einen angemessenen Preis für Ihre Arbeit verlangen können. So stellen Sie sicher, dass Sie genug Geld verdienen, um Ihre Rechnungen zu bezahlen und sich die Materialien für die Herstellung eines weiteren Artikels leisten zu können.

Was unterscheidet einen guten von einem schlechten NFT?

Eine NFT ist von Natur aus mächtig, weil sie auf der Blockchain auf vielfältige Weise verwendet werden kann. Er kann eine Währung, ein Stimmrecht, Eigentum und/oder einen Nachweis der Mitgliedschaft in einer Gemeinschaft darstellen. Wenn Sie wollen, dass Ihre Münze erfolgreich ist, müssen Sie entscheiden, wie sie innerhalb der Gemeinschaft verwendet wird und wie sie ihr zugutekommt.

Wenn Sie möchten, dass Ihre Münze von der Gemeinschaft geschätzt wird, dann müssen Sie ihnen eine Gegenleistung dafür bieten, dass sie Ihre Münze gegenüber anderen Münzen, zu denen sie möglicherweise Zugang haben, bevorzugen. Im Grunde genommen müssen Sie ihnen einen Wert geben.

Die einzige Möglichkeit, dies zu tun, besteht darin, mit der NFT ein einzigartiges Erfolgserlebnis zu schaffen, das Einzelpersonen nutzen können. Wenn Sie NFTs wie "Bitcoin" oder "Darkcoin" verkaufen, können Sie die Münze einfach erstellen und sie in eine physische Schachtel legen, ohne zu erklären, was sie ist oder wie sie funktioniert. Das wird sich nicht lange halten und vielleicht gar nicht erst genutzt werden, weil die Menschen eher an etwas interessiert sind, das sie sehen und anfassen können, als an digitalen Token.

Sie könnten auch digitale Token verkaufen, aber dann verkaufen Sie auch einen digitalen Token, so dass es keinen wirklichen Grund für jemanden gibt, einen NFT über diesen zu kaufen. Wenn Sie einen digitalen Token als NFT schaffen wollen, müssen Sie den Leuten einen Grund geben, ihn zu kaufen. Dies könnte in Form von etwas sein, das außer dem Sammeln keinen wirklichen Zweck hat, oder es könnte ein Token sein, der nur mit einer anderen digitalen Währung wie Bitcoin gekauft werden kann.

Dieser ist als ERC20-Token bekannt und wird häufig von Personen verwendet, die ihre Münzen ohne jegliche Erfahrung in diesem Bereich entwerfen. Es gibt Einzelpersonen die Möglichkeit, den Wert von Bitcoin für den Verkauf und Kauf von Waren auf der Blockchain leicht zu nutzen.

Wenn Sie wollen, dass Ihre Münze einen Wert hat, dann müssen Sie den Leuten einen Grund geben, sie mit etwas anderem als einer anderen NFT oder digitalen Währung zu kaufen.

NFT Trading und Swapping - Muss man wissen

Liquidität und Handel sind ein wichtiger Bestandteil eines jeden Finanzmarktes. Einige Münzen sind liquider als andere, und das bedeutet, dass Sie sie leicht mit anderen liquideren Münzen kaufen können.

NFTs können gehandelt werden, aber Sie müssen sicherstellen, dass sie über genügend Liquidität verfügen, damit die Leute daran interessiert sind; andernfalls werden sie sich wahrscheinlich überhaupt nicht bewegen.

Außerdem müssen Sie NFTs an mehreren Börsen notieren lassen, was ihren Wert erheblich schmälern kann, wenn sie an den falschen Börsen notiert werden. Der Grund, warum eine NFT an Wert verlieren könnte, ist, dass die Menschen in der Lage sein könnten, sie innerhalb ihrer Gemeinschaft leicht gegen etwas viel Wertvolleres oder auf eine ganz andere Art und Weise wertvoll zu tauschen als das, wofür die NFT verwendet wird.

Gegenwärtig gibt es nur sehr wenige Börsen, die NFTs annehmen. Dies könnte sich in Zukunft ändern, aber im Moment haben nur einige wenige Börsen angekündigt, dass sie NFTs annehmen werden. Das bedeutet, dass Sie wahrscheinlich Ihre eigene Börse gründen müssen, um einige der beliebteren nicht-fungiblen Token dort gelistet zu bekommen.

Einige der oben genannten Informationen sind zu diesem Zeitpunkt noch unbestätigt und können sich ändern. Nehmen Sie nichts als gegeben hin. Wenden Sie sich an einen Experten oder lesen Sie die offizielle Literatur, bevor Sie eine Entscheidung treffen.

KAPITEL 9:

Wo kann man NFTs kaufen und in sie investieren?

Der Verkauf Ihrer NFTs auf dem richtigen Marktplatz ist sehr wichtig. Hier werden wir über einige der beliebtesten und besten Plattformen sprechen, die Sie nutzen können, um Ihre NFTs zu erstellen und sie zum Verkauf anzubieten. Sie müssen verstehen, was jeder Marktplatz Ihnen bieten kann, bevor Sie eine endgültige Entscheidung treffen.

Selbstbedienung und kuratierte Plattformen

Zunächst einmal müssen Sie wissen, dass es zwei Arten von NFT-Plattformen gibt, zwischen denen Sie wählen können:

- Selbstbedienungs-NFT-Marktplatz - Wenn Sie einen Selbstbedienungs-NFT-Marktplatz nutzen, können Sie jede Art von NFT erstellen. Das bedeutet, dass Ihre NFT eine Bilddatei wie eine JPG-, PNG- oder GIF-Datei, eine Videodatei wie eine MP4-Datei, eine Audiodatei wie eine MP#- oder WAV-Datei und mehr sein kann. Ein weiterer Vorteil der Nutzung einer Selbstbedienungsplattform für NFT ist, dass Sie in der Regel die Möglichkeit haben, Lizenzgebühren zu erheben. Dabei handelt es sich um einen Prozentsatz, der erhoben wird, wenn der ursprüngliche Käufer Ihrer NFT diese an einen anderen Käufer weitergibt.
- Kuratierter NFT-Marktplatz - bei einem kuratierten NFT-Marktplatz können nur Künstler, die berechtigt sind, NFTs zu erstellen oder zu prägen, diesen nutzen. Im Allgemeinen finden Sie auf kuratierten Marktplätzen digitale Kunst-NFTs von höchster Qualität und keine einfacheren und minderwertigeren Sammlerstücke.

Anforderungen für NFT-Marktplätze

Alle NFT-Marktplätze setzen voraus, dass Sie eine Krypto-Brieftasche einrichten, einige Kryptowährungen in Ihrer Brieftasche haben und ein Benutzerkonto auf der Plattform besitzen.

Sie benötigen eine Krypto-Brieftasche, in der Sie Ihre NFTs aufbewahren und auch etwaige Gebühren für die Auflistung in Blockchain-Netzwerken usw. bezahlen können. Die meisten NFT-Marktplätze bieten kostenlose Konten an, in denen Sie Ihre Token anlegen können.

Die NFT-Marktplätze arbeiten mit verschiedenen Blockchain-Netzwerken.

Sie müssen prüfen, welche Optionen für das Blockchain-Netzwerk eines NFT-Marktplatzes bestehen. Da das Ethereum-Blockchain-Netzwerk bei weitem das beliebteste für die Notierung von BFTs ist, sollten Sie feststellen, dass die meisten Marktplätze dies unterstützen.

Einige NFT-Marktplätze werden auch neu entstehende Blockchain-Netzwerke unterstützen, wie z. B:

- Algorand
- Binance Smart Chain
- Kosmos
- EOS
- Durchfluss
- Hedera-Hashgraph
- Polkadot
- Solana
- Tezos
- Tron
- WACHSEN

Nicht alle diese Blockchain-Netze sind interoperabel. Einige sind geschlossen, wie z. B. Flow. Wenn Sie nicht gerade etwas anderes als digitale Kunst-NFTs machen wollen, empfehlen wir Ihnen, das Ethereum-Blockchain-Netzwerk zu verwenden.

OpenSea

Sie behaupten, der größte der NFT-Marktplätze zu sein (wir haben keinen Grund, dies zu bezweifeln). Auf OpenSea sehen Sie verschiedene Arten von NFTs wie z. B.:

- Digitale Kunst
- Domänennamen (zensurresistent)
- Sportartikel
- Sammelkarten
- Virtuelle Welten
- Sammlerstücke

Wenn Sie ein Mitglied von OpenSea sind, können Sie exklusive NFTs wie ENS-Namen, Axies, CryptoKitties und mehr kaufen, verkaufen und finden. Es gibt mehr als 700 Projektkategorien auf OpenSea für die oben genannten und für andere Elemente wie Ethereum Name Service (ENS).

Mit OpenSea steht ein Prägewerkzeug zur Verfügung, mit dem Sie Sammlungen und einzelne NFTs erstellen können. Es ist kostenlos und Sie müssen keine einzige Zeile Code beherrschen, um es zu benutzen. Sobald Sie Ihre NFTs erstellt haben, können Sie sie zu einem festen Preis verkaufen oder eine Auktion für sie auf OpenSea erstellen.

Seltene

Rarible ist ein weiterer Selbstbedienungs-NFT-Marktplatz wie OpenSea. Dieser NFT-Marktplatz ist im Besitz der Gemeinschaft. Die Mitglieder der Gemeinschaft können den ERC-20 RARI-Token besitzen. Die Rarible-Plattform belohnt Mitglieder mit diesem Token, wenn sie auf dem Marktplatz mit Käufen und Verkäufen aktiv sind. Jede Woche werden etwa 75.000 RARI verteilt.

Obwohl der Schwerpunkt von Rarible auf digitaler Kunst liegt, können Mitglieder auch NFTs von Filmdateien, Büchern, Musik und mehr einstellen. Es ist möglich, dass NFT-Ersteller auf Rarible "Sneak Peeks" ihrer gelisteten NFTs für jeden auf der Plattform zur Verfügung stellen. Das vollständige NFT-Projekt ist nur für den Käufer einsehbar.

Auf dem Rarible-Marktplatz sehen Sie die täglichen Top-Verkäufer, und es ist möglich, Ihre NFTs ganz oben auf der Seite zu platzieren, damit Sie leichter Käufer anlocken können. Sie zahlen eine geringe Prägegebühr, um Ihre NFTs auf Rarible zu erstellen. Sie können auf diesem Marktplatz bis zu 30% Lizenzgebühren verlangen.

Prägbar

Ein weiterer bekannter NFT-Marktplatz mit Selbstbedienung ist Mintable. Hier können Nutzer mit Kunst, Fotos, Musik, Ingame-Assets und vielem mehr handeln. Mintable ist insofern einzigartig, als es eine "gaslose" Prägeoption anbietet.

Es gibt drei verschiedene Auktionstypen bei Mintable, die da wären:

- Zeitlich begrenzte Auktion
- Traditionelle Auktion
- Sofort-Kaufen-Auktion

Mintable ist Ethereum-basiert und Zahlungen können nur mit Ether getätigt werden. Es gibt eine 5%ige Lizenzgebühr für NFT-Ersteller, um Provisionen zu verdienen, wenn der ursprüngliche Käufer das Eigentum an eine andere Person überträgt.

Nifty Gateway

Der Nifty-Gateway-Marktplatz wird in der NFT-Welt mit gemischten Gefühlen betrachtet. Er unterscheidet sich von allen anderen NFT-Marktplätzen, weil er es den Nutzern ermöglicht, Zahlungen mit Kreditkarten zu tätigen. Der Nutzer muss keine MetaMaske oder Krypto-Brieftasche besitzen.

Nifty Gateway zielt darauf ab, NFTs für jedermann zugänglich zu machen, indem ein zentralisierter Prozess in dezentralisierte Prozesse überführt wird. Einer der Gründe, warum die Menschen NFTs so sehr lieben, ist die Dezentralisierung. Aus diesem Grund ist Nifty Gateway kein beliebter NFT-Marktplatz.

SuperRare

SuperRare ist wahrscheinlich der bekannteste kuratierte NFT-Marktplatz. SuperRare hat sich zum Ziel gesetzt, seinen Mitgliedern einmalige, seltene und limitierte digitale Kunst anzubieten. Sie müssen von SuperRare zugelassen werden, um Ihre digitalen Kunst-NFTs auf der Plattform einzustellen.

Der SuperRare-Marktplatz wird von NFT-Händlern aus aller Welt sehr gelobt. Sie schätzen die Tatsache, dass der Marktplatz reguliert, wer NFTs auflisten darf, um sicherzustellen, dass nur die hochwertigsten Vermögenswerte verfügbar sind.

Stiftung

Der Foundation NFT-Marktplatz zielt darauf ab, NFT-Schöpfer, Sammler und Krypto-Natives in einer speziellen Gemeinschaft zusammenzubringen. Foundation will die NFT-Kultur vorantreiben und behauptet, dass dies die neue kreative Wirtschaft ist. Dieser Marktplatz konzentriert sich ausschließlich auf digitale Kunst.

Dies ist eine weitere kuratierte Plattform. Alle Mitglieder müssen Profile erstellen, die von der Leitung der Stiftungsplattform überprüft werden. Sie ist einer der am schnellsten wachsenden NFT-Marktplätze und ihr Geldumsatz steigt ständig.

Wenn Sie Ihre NFTs auf Foundation prägen und auflisten, erhalten Sie eine 10 %ige Lizenzgebühr auf alle Sekundärverkäufe. Etliche NFT-Investoren nutzen die Foundation-Plattform, um neue Möglichkeiten zu finden. Sie kaufen NFTs und verkaufen sie dann zu einem höheren Preis.

Nischen-NFT-Marktplätze

Mehrere Marktplätze bieten Nischen-NFTs wie digitale Fantasy-Fußballkarten und Avatare für die virtuelle Welt an. Viele neue Nischen-NFT-Marktplätze entstehen ständig, um die wachsende Nachfrage zu befriedigen. Die etabliertesten Anbieter für NFT-Nischen sind:

- Axie Infinity - dieser Marktplatz beherbergt NFT-Cartoonfiguren für das beliebte Spiel Axie Infinity. In diesem Spiel können die Spieler ihre digitalen Haustiere, die Axies genannt werden, bekämpfen, züchten und tauschen. Einige Leute verdienen ihren Lebensunterhalt mit diesem Spiel.
- NBA Top Shot - dies ist ein geschlossener NFT-Marktplatz, der Flow verwendet. Hier können Nutzer Sammelkarten mit Videos von einigen der denkwürdigsten NBA-Momente verkaufen und kaufen.
- Sorare - auf dem Sorare-Nischenmarktplatz können Nutzer mit virtuellen Karten handeln, die Fußballspieler darstellen. Sorare ist ein Fantasy-Fußballspiel, das auf der ganzen Welt gespielt wird.
- Valuables - dieser Nischenmarktplatz für NFT ist auf die Tokenisierung von Twitter-Tweets spezialisiert. Es ist die Plattform, die Twitter-CEO Jack Dorsey nutzte, um seinen ersten Tweet als NFT zu verkaufen.
- Decentraland - es gibt einen Nischenmarktplatz, auf dem Nutzer mit Ingame-Gegenständen wie Wearables und virtuellem Land handeln können.

KAPITEL 10:

Wie können Sie Ihre NFTs erstellen und verkaufen?

Ich weiß, dass Sie sich fragen werden, ob NFTs sinnvoll sind oder nicht. Denken Sie einen Moment lang an die Welt der traditionellen Kunst. Sie sehen Kunstgalerien und Menschen, die Hunderttausende oder Millionen von Dollar für Kunstwerke bezahlen, und dann trifft Sie die Realität. Unter den richtigen Bedingungen können nur sehr wenige damit ihren Lebensunterhalt verdienen. Und selbst dann müssen sie den Gewinn mit den anderen an dem Geschäft beteiligten Parteien teilen.

NFTs leben in einer besonderen Umgebung. Sie, der Künstler, haben die vollständige Kontrolle über alle Fäden, aus denen Ihr Werk besteht. NFT-Marktplätze sind ausländische Marktplätze, die Ihre Werke der ganzen Welt zeigen. Um Ihre Werke zu verkaufen, müssen Sie sich nicht an eine Galerie oder eine Agentur wenden. Sie sind nicht gezwungen, einen Teil Ihrer Einnahmen mit Zwischenhändlern zu teilen.

NFT-Marktplätze halten Sie in der Tat jederzeit über den Verkauf Ihrer Kunstwerke auf dem Laufenden. Sobald Ihr Kunstwerk gehandelt wird, können Sie eine angemessene Provision für das NFT erhalten.

Sie können auch jederzeit die Gültigkeit Ihres Werks nachweisen und beweisen, dass es zu einem bestimmten Zeitpunkt nur einen wahren Eigentümer Ihres Kunstwerks gibt. Insgesamt macht es das NFT-Kunstwerks-Ökosystem für jeden einfacher, Kunst zu kaufen und zu verkaufen.

Entgegen der landläufigen Meinung erfordert die Erstellung von NFTs wenig oder gar keine technischen Kenntnisse. Über NFT-Marktplätze wie OpenSea, Rarible oder Mintable können Sie innerhalb weniger Minuten NFTs für Ihre Kunstwerke erstellen.

Sie müssen zunächst Ihre Krypto-Brieftasche mit dem NFT-Marktplatz Ihrer Wahl verbinden, bevor Sie mit dem Aufbau Ihres NFT beginnen können. Sie müssen keine weiteren Informationen preisgeben, da die Wallet-Adresse Ihre Anmeldedaten sind. Gehen Sie dann zum Bereich "Erstellen" des Marktplatzes, laden Sie Ihr Kunstwerk hoch und schließen Sie den Vorgang ab, indem Sie die erforderlichen Tasten drücken.

Das ist das Ende der Diskussion. Sie werden Ihre NFT-Kunstwerke verkaufen, bevor Ihre Mutter Sie zum Abendessen nach unten ruft, Ihr Baby zu weinen beginnt oder Ihre bessere Hälfte Sie vermisst.

Fungibel bedeutet, dass sie schnell ersetzt werden kann. Eine 1 von 1 Mickey Mantle Rookie-Karte ist nicht irgendeine Baseballkarte, sondern sie ist unersetzlich und nicht vertretbar. Öl ist fungibel, denn jedes Fass ist so gut wie das nächste.

Bei der Tokenisierung von nicht vertretbaren Vermögenswerten wird der Token zu einer digitalen Darstellung der wichtigen Daten des Vermögenswerts. Token werden in Geldbörsen gespeichert, von denen jede eine eigene Adresse hat. Die Token-IDs sind mit den Wallet-Adressen auf der Blockchain verknüpft, einer riesigen, öffentlich zugänglichen Datenbank, die es jedem ermöglicht, den digitalen Besitz zu überprüfen.

Die gängigsten Websites für die Entwicklung von NFT sind OpenSea und Rarible. Obwohl Rarible insgesamt die meisten Verkäufe verzeichnet, bietet OpenSea zusätzliche Dienstleistungen an, wie z. B. die Möglichkeit, Ihre eigene NFT-Website mit Hilfe der OpenSea-Börse zu erstellen. Auf beiden Plattformen können Nutzer ihre Kunstwerke hochladen und Sammlungen anlegen, ohne etwas über Blockchain-Technologie zu wissen.

Denken Sie daran, dass Ihnen zu Beginn einige Kosten entstehen werden. NFTs werden über eine Blockchain, in der Regel die Ethereum-Blockchain, betrieben. Um Ihre Kunst zu tokenisieren, müssen Sie eine Netzwerkgebühr, das sogenannte Gas, bezahlen.

Während des Entwicklungsprozesses erlaubt Rarible den Künstlern, NFTs auf der Blockchain (on-chain) zu prägen. Infolgedessen werden die Preise in Zukunft niedriger sein. Rarible ist die beste Wahl, wenn Sie beabsichtigen, einige NFTs zu astronomischen Preisen zu verkaufen.

Sie können den Collection Manager von OpenSea verwenden, wenn Sie eine große Anzahl preiswerter NFTs herstellen möchten.

Benutzer können mit OpenSea Collection Manager gegen eine einmalige Gebühr ein neues Set erstellen. Das zentrale OpenSea-Team kann eine unbegrenzte Anzahl von NFTs außerhalb der Kette erstellen und speichern, bevor ein Verkauf mit diesem Set erfolgt. Ihr NFT wird auf die Kette gesetzt und übertragen, nachdem der Käufer die Gassteuer für die Transaktion bezahlt hat.

Diese Anleitung führt Sie durch die Schritte zur Erstellung Ihrer eigenen NFTs in einem OpenSea-Set.

1. Schritt - MetaMask einrichten

Die Einrichtung einer Software-Geldbörse ist der erste Schritt zur Erstellung Ihrer eigenen NFT. Sie müssen dieses Portemonnaie verwenden, um Ihre NFTs zu speichern und Blockchain-Gasgebühren zu bezahlen.

Gehen Sie zu metamask.io, um die Software zu erhalten oder installieren Sie die Chrome-Erweiterung. Es ist schnell und kostenlos, eine MetaMask-Wallet zu erstellen. Bewahren Sie nur Ihre Seed-Phrase auf, falls Sie die Wallet in der Zukunft abrufen müssen.

Beachten Sie, dass Wallets keine Kryptowährungen oder NFTs speichern, sondern Ihren privaten Schlüssel, der für die Genehmigung von Transaktionen benötigt wird. Sowohl Kryptowährungen als auch NFTs werden auf der Blockchain gespeichert und die Wallet-ID wird verwendet, um zu identifizieren, wem was gehört.

2. Schritt - Tokenisierung Ihrer Kunst

Sobald Sie eine MetaMask-Brieftasche eingerichtet haben, können Sie Ihre NFTs erstellen. Gehen Sie zu opensea.io und wählen Sie in der Menüleiste Build. Sie können nun OpenSea verwenden, um Ihre MetaMask-Brieftasche zu verknüpfen.

Klicken Sie auf die Schaltfläche Neues Element hinzufügen, nachdem Sie Ihrem NFT-Set einen Namen gegeben haben. Sie können nun die Datei, die Sie tokenisieren möchten, hochladen und ihre Eigenschaften und Statistiken zuweisen, um sie vom Rest Ihres Arrays zu unterscheiden.

Legen Sie einen Verkaufspreis fest, nachdem Sie bestimmt haben, wie viele Exemplare Sie von jedem Artikel benötigen.

3. Schritt - Erstellen eines Marktplatzeintrags

Sie müssen OpenSea zunächst autorisieren, Produkte von Ihrem Konto zu verkaufen, bevor Sie Ihre erste NFT verkaufen können. Da es sich um einen Blockchain-Kauf handelt, müssen Sie eine Gassteuer bezahlen. Sie können loslegen, wenn Sie Ether an Ihre MetaMaske senden. Diese Gebühr wird nur benötigt, wenn Sie zum ersten Mal eine NFT-Sammlung anlegen.

Sie können Ethereum auf Coinbase oder Gemini kaufen und es an Ihre MetaMask-Wallet senden, wenn Sie noch keine haben. Beginnen Sie mit dem Benzinga-Leitfaden zum Kauf von Ethereum, wenn Sie neu in der Welt der Kryptowährungen sind. Jeder kann NFTs auf dem OpenSea-Marktplatz finden und kaufen, nachdem Sie OpenSea die Erlaubnis erteilt haben, sie zu verkaufen. Das war's!

In der Branche gibt es drei wichtige Möglichkeiten, NFT-Gewinne zu erzielen: Scalping, Investieren und Handel.

Für die meisten Menschen ist die Investition in eine Plattform wie Nifty Gateway, OpenSea oder Rarible die beste Möglichkeit, von der NFT-Blase zu profitieren, bevor sie platzt. Die meisten Bergleute gingen während des kalifornischen Goldrausches mit leeren Händen nach Hause, aber diejenigen, die Pickel und Schaufeln verkauften, machten ein Vermögen.

Es könnte sich für Sie lohnen, Ihre eigenen NFTs für Ihre Fans zu erstellen, wenn Sie ein Künstler oder Influencer sind. Logan Paul, ein YouTuber und Profiboxer, hat an einem Tag 5 Millionen Dollar verdient, indem er 3.000 NFTs für je einen Ether verkauft hat. Die NFT-FOMO hat neue Höhen erreicht. Wenn Sie ein Händchen für die Vorhersage der Wiederverkaufsnachfrage haben, besorgen Sie sich einen 300-Dollar-Nifty-Gateway-Bot von Upwork und beginnen Sie mit dem Scalping!

NFTs repräsentieren auch reale und digitale Objekte. Die NBA zum Beispiel stellt Clips der größten Basketballspiele der Geschichte in Token dar und verkauft sie für ein Vermögen - und erhält einen Anteil von 5 % an allen Verkäufen auf dem Sekundärmarkt - ein weiterer Vorteil von NFTs für Hersteller.

Tokenisierte Bilder von 24 x 24-Bit-Avataren bilden die Krypto-Punks. Es gibt 10.000 Krypto-Punks, von denen jeder einzelne etwas Besonderes ist und für durchschnittlich 15.000 Dollar pro Stück verkauft wird.

Es gibt 9 Aliens, 24 Primaten, 88 Zombies, 3.840 Weibchen und 6.039 Männchen, jedes mit seinen Eigenschaften und seiner Seltenheit. Nur 44 Krypto-Punks haben das Merkmal "Mütze", was sie sofort wertvoller macht als einen der 332 Krypto-Punks mit VR-Brille.

Die Blockchain verändert die Art und Weise, wie wir über Kunst und Sammlerstücke denken, aber das ist erst der Anfang. Die Tokenisierung ist eine vielseitige Technik mit einer Vielzahl von Anwendungen, die noch erforscht werden müssen.

NFTs scheinen eine lange Lebensdauer vor sich zu haben. Eine weitere Frage ist, welche NFTs dem Test der Zeit standhalten und ihren Wert behalten können. Jedes NFT-Set hat seinen eigenen Wert, aber letztlich sind sie nur so viel wert, wie jemand bereit ist, dafür zu bezahlen.

Mit der Zeit wird die überwiegende Mehrheit aller produzierten NFTs praktisch nutzlos werden. Einige hingegen können an Wert und Beliebtheit gewinnen.

KAPITEL 11:

Wie wird man ein Krypto-Künstler?

Wie erstellen Sie Ihre NFTs?

Es ist erstaunlich, wie einfach es ist, Ihre NFTs zu erstellen. Die gängigsten Marktplätze für die Prägung von NFTs sind OpenSea und Rarible. Auch wenn Rarible beim Gesamtumsatz erfolgreicher ist, bietet OpenSea erstklassige Funktionen, wie z. B. die Möglichkeit, die OpenSea-Börse zu nutzen, um Ihren NFT-Webstore zu erstellen. Die Teilnehmer können ihre Kunstwerke in den Webstore stellen und Kataloge auf den Plattformen erstellen, ohne dass sie Vorkenntnisse über Blockchain-Netzwerke haben.

Sie sollten sich jedoch bewusst sein, dass gewisse Anfangskosten anfallen. Ein Blockchain-Netzwerk, in der Regel das von Ethereum, steuert NFTs. Um Ihr Kunstwerk oder Ihren Gegenstand in Token umzuwandeln, müssen Sie also eine Netzwerkgebühr entrichten, die als Gasgebühr bezeichnet wird.

Rarible ermöglicht es Kreativen, ihre NFTs während des Erstellungsprozesses auf der Blockchain zu prägen (on-chain). Dies führt regelmäßig zu niedrigeren Preisen. Rarible ist in der Regel die richtige Option, wenn Sie mit wenigen NFTs viel Geld verdienen wollen. Sie können jedoch auch den Collection Manager von OpenSea verwenden, um zahlreiche und günstigere NFTs zu erstellen.

OpenSea-Teilnehmer werden gegen eine einmalige Gebühr einen neuen NFT-Satz prägen. Aus einem solchen Satz könnte die hochgradig zentralisierte OpenSea-Einheit eine endlose Anzahl von NFTs generieren und sie außerhalb der Kette aufbewahren, bevor sie sie verkauft.

Wir führen Sie durch den Prozess zur Erstellung Ihrer NFTs in einer OpenSea-Plattform.

Schritt 1: MetaMask einrichten

Um Ihre NFT zu prägen, müssen Sie zunächst eine digitale Brieftasche erstellen. Darin speichern Sie Ihre NFTs. In Zukunft wird sie auch zur Bezahlung der Gasgebühren für Transaktionen im Blockchain-Netzwerk verwendet.

Gehen Sie zu metamask.io, um die Software herunterzuladen oder die Chrome-Erweiterung hinzuzufügen. Es ist einfach und kostenlos, eine MetaMask-Brieftasche zu erstellen. Bewahren

Sie Aufzeichnungen über Ihre Seed-Phrase auf, falls Sie die Wallet in der Zukunft abrufen müssen.

Wallets werden nicht zum Speichern von Kryptowährungen oder NFTs verwendet. Stattdessen werden sie verwendet, um Ihren privaten Schlüssel zu speichern, der für die Autorisierung von Blockchain-Transaktionen erforderlich ist. Die Blockchain-Technologie speichert sowohl Kryptowährungen als auch NFTs, während die Wallet-ID benötigt wird, um festzustellen, wem sie gehören.

Schritt 2: Tokenisierung Ihrer Kunst

Sie können Ihre NFTs münzen, wenn Sie eine Brieftasche erstellt haben. Wählen Sie auf opensea.io die Option Erstellen aus dem Listenmenü. Sie können dann Ihre Geldbörse mit OpenSea verbinden und zur Sache kommen.

Wählen Sie die Registerkarte Neues Element hinzufügen, nachdem Sie Ihrer NFT-Serie eine Bezeichnung gegeben haben. Sie können nun die Datei hochladen, die Sie tokenisieren möchten, und sie mit Funktionen und Statistiken anpassen, um sie vom Rest Ihrer Sammlung abzuheben.

Entscheiden Sie, wie viele Exemplare Sie von jedem Artikel benötigen, und legen Sie dann einen Verkaufspreis fest.

Schritt 3: Auf dem Marktplatz auflisten

Bevor Sie Ihr erstes NFT vermarkten können, sollten Sie OpenSea Zugang zum Verkauf von Gegenständen über Ihr Konto gewähren. Da es sich um einen Handel mit Blockchain-Technologie handelt, müssen Sie eine Transaktionsgebühr bezahlen. Sie können die Transaktion durchführen, sobald Sie Ethereum auf Ihr MetaMask-Konto überweisen. Diese Gebühr wird nur beim ersten Mal fällig, wenn Sie eine NFT-Sammlung mint.

Wenn Sie noch keine Ether haben, können Sie diese auf Coinbase oder Gemini kaufen und auf Ihr MetaMask-Konto überweisen. Jeder kann Ihre NFTs auf dem OpenSea-Markt finden und kaufen, nachdem Sie OpenSea die Erlaubnis erteilt haben, sie zu verkaufen. Sie haben die Aufgabe erfüllt!

Die für digitale Kunst erforderliche Software

Dabei sollten Sie zwei Dinge im Auge behalten: welche Funktionen Sie benötigen und wie viel Sie bereit sind, für die Software zu bezahlen. Bestimmte Software für digitale Kunst enthält alles, was Sie für die Arbeit mit Bildern brauchen, vom Malen bis zur komplexen Bildbearbeitung. Andere hingegen bieten nur einen begrenzten Funktionsumfang, so dass Sie entscheiden müssen, ob Sie eine Allzweck- oder eine Spezialsoftware benötigen.

Einige unserer Empfehlungen sind völlig kostenlos, andere erfordern eine einmalige Zahlung, und wieder andere verlangen ein laufendes Abonnement. Sie können das richtige Programm für digitale Kunst entdecken, egal ob Sie einen Mac, Windows, iPad oder Linux verwenden.

Photoshop

Photoshop war lange Zeit der unangefochtene Marktführer unter den Softwareprogrammen für die digitale Kunst, doch die Dienste der Konkurrenz machen ihm seine Vorherrschaft streitig. Photoshop hingegen ist nach wie vor eine äußerst effektive und effiziente Software für digitale Künstler.

Affinität Foto

Die Funktionalität von Affinity Photo reicht nicht ganz an die von Photoshop heran, vor allem was die inhaltsbezogene Füllung betrifft. Wenn Sie sich jedoch erst einmal damit vertraut gemacht haben, werden Sie feststellen, dass es viele digitale Kunstprojekte bewältigen kann.

Corel Painter

Die neueste Ausgabe von Corel Painter bietet eine Reihe neuer Funktionen, insbesondere für Apple-Benutzer. Painter eignet sich für verschiedene Stile und Prozesse in den Bereichen Fotokunst, Fine Art, Manga und Konzeptkunst. Es gibt über 900 Pinsel zur Auswahl sowie zahlreiche anpassbare Optionen.

Rebelle 4

Zu den Funktionen gehört eine massive Erweiterung der Pinselvoreinstellungen auf mehr als 170. Rebelle 4 wird als "einzigartige" Malsoftware beschrieben, die simuliert, wie die Farbe in der realen Welt reagiert. Mit Rebelle 4 können Sie Ihre Lieblingspinsel sogar teilen und herunterladen.

Clip Studio Paint Pro

Clip Studio Paint wird allmählich zur Standardsoftware für die Erstellung von Manga und Comics. Dies ist die richtige Software für Sie, wenn Sie ein natürliches und klassisches Gefühl in einer digitalen Kunst- und Malsoftware gebündelt haben möchten. Für glatte, realistisch aussehende Stiftstriche setzt Clip Studio Paint eine hervorragende Stiftdruckerkennung ein.

Hier finden Sie eine Liste weiterer Software, die Sie für Ihre digitalen Kunstwerke in Betracht ziehen können:

- Artweaver 7
- ArtRage 6
- Krita
- TwistedBrush Pro Studio
- MediBang Paint Pro
- Schwarze Tinte
- Paintstorm Studio

Traditionelle Software für digitale Kunst (Adobe)

Lassen Sie uns nun ein wenig tiefer in die beliebteste Software für digitale Kunst eintauchen.

Adobe Photoshop ist die bekannteste und am häufigsten verwendete Software für digitale Kunst. Es verfügt über eine Vielzahl von Funktionen, wird häufig aktualisiert und kann für alles verwendet werden, von Konzept-Thumbnails über Comic-Seiten bis hin zu Fotobasierten Werken. Photoshop begann als Bildbearbeitungsprogramm für Fotografen. Nach und nach wurde es zu einem Standard für viele andere Branchen, einschließlich der digitalen Kunst.

Mit dieser Software können Sie eine breite Palette von Malwerkzeugen, Pinseln, Filtern, Plugins und Ebenenstilen verwenden. Da es effizient arbeitet, ist es zu einer gut genutzten Branchensoftware für alle Digitalkünstler in der Unterhaltungsbranche geworden. Photoshop-

Kenntnisse sind unverzichtbar, wenn Sie in der Videospiel-, Animations-, Spielfilm- oder einer anderen Produktionsfirma arbeiten möchten. Die Lernkurve ist ziemlich steil. Wenn Sie ein Neuling sind, können die vielen Funktionen überwältigend sein, und Sie könnten sich in den technischen Bereichen der Software verlieren. Sobald Sie jedoch die Grundlagen beherrschen, sind Ihnen keine Grenzen mehr gesetzt!

Sie können alles auf jede beliebige Weise gestalten und sogar Bilder verändern!

Da Photoshop das beliebteste Programm für digitale Kunst ist, gibt es viele Photoshop-Lernprogramme, die online zur Verfügung stehen. Wir haben jedoch im Folgenden einen kurzen Leitfaden für Anfänger zusammengestellt, um Ihnen den Einstieg in die Arbeit mit Adobe zu erleichtern:

Bilder öffnen: Bilder öffnen und neue Bilder erstellen

So öffnen und erstellen Sie Bilder

Wählen Sie in der Menüleiste Datei > Öffnen

Um ein neues Bild zu erstellen, wählen Sie in der Menüleiste Datei > Neu. Wählen Sie eine Dokumentvorlage aus dem Dropdown-Menü. Sie können die Breite und Höhe der Vorgabe ändern, indem Sie Ihre Werte eingeben.

Machen Sie sich mit Ihrer Arbeitsumgebung vertraut, der Benutzeroberfläche

In der Menüleiste (ganz oben) finden Sie die Menüs Datei, Bearbeiten, Bild und andere, über die Sie Zugriff auf eine Reihe von Befehlen, Änderungen und Bedienfeldern haben.

Die Optionsleiste (unterhalb der Menüleiste) zeigt Ihnen die Einstellungen für das gerade verwendete Werkzeug an.

Werkzeuge zum Bearbeiten von Bildern und zum Erstellen von Grafiken finden Sie im Bedienfeld Werkzeuge (links). Zusammengehörige Werkzeuge sind in Kategorien zusammengefasst. Sie können verwandte Funktionen in einer Gruppe entdecken, indem Sie ein Werkzeug im Bedienfeld auswählen und halten.

Das Dokumentfenster (in der Mitte) zeigt die Datei an, die Sie gerade bearbeiten. Das Dokumentfenster zeigt viele geöffnete Dokumente in Registerkarten an.

Meistern Sie das Zoomen und Schwenken: Ändern Sie Ihre Ansicht eines Bildes.

In der Werkzeugpalette finden Sie das Werkzeug Zoom. In der Einstellungsleiste können Sie zwischen Vergrößern und Verkleinern umschalten. Mit dem Hand-Werkzeug, das sich ebenfalls im Werkzeuge-Bedienfeld befindet, können Sie in einem großen oder vergrößerten Bild schwenken.

Einen Befehl rückgängig machen

Machen Sie einzelne oder mehrere Schritte rückgängig, und verwenden Sie das Verlaufsfenster.

Um einen zuvor ausgeführten Vorgang rückgängig zu machen, gehen Sie zu Bearbeiten > Rückgängig oder klicken Sie auf Strg+Z (Windows) bzw. Befehl+Z (macOS).

Um einen bereits ausgeführten Vorgang zu wiederholen, gehen Sie zu Bearbeiten > Wiederholen oder klicken Sie auf Strg+Z (Windows) bzw. Befehl+Z (macOS).

Wählen Sie mehrmals Bearbeiten > Schritt zurück oder wählen Sie einen Schritt im Verlaufsfenster, um mehrere Schritte rückgängig zu machen.

Speichern Sie Ihre Arbeit

Benutzen Sie den Befehl Speichern.

Digitalisierung von Tradition oder unorthodoxer Kunst in NFTs

Damien Hirst, der reichste zeitgenössische Künstler Großbritanniens, hat begonnen, seine Werke auf dem NFT-Markt zu verkaufen. Hirst erklärt, dass seine Arbeit mit NFTs und Krypto-Verkäufen bei weitem das faszinierendste Projekt war, an dem er je gearbeitet hat. Bei der letzten Verkaufsserie konnte Hirst 22,4 Millionen Dollar durch die Versteigerung von 7.481 seiner Drucke an 4.000 Personen in 67 Ländern erzielen. Diese Zahl ist aufgrund des Gesamtgewinns und der enormen Menge der in so vielen verschiedenen Ländern verkauften Drucke verblüffend. Die Verwendung von Kryptowährungen macht es möglich, 4.000 Käufer in 67 Ländern zu kontaktieren. Da sich immer mehr traditionelle Künstler in die NFTs wagen, wird sich dieser Trend nur noch beschleunigen und ehemals unbedarften Teilnehmern der Kunstwelt einen besseren Zugang ermöglichen.

Noah Davis, Spezialist für Nachkriegs- und zeitgenössische Kunst bei Christie's New York, erklärte: "NFTs haben ein enormes Potenzial für den Kunstmarkt. Als Mechanismus ist das Potenzial von NFTs, die Art und Weise, wie wir Eigentum erwerben, zu verändern, grenzenlos. Die Ergebnisse der Auktion haben gezeigt, dass die Welt der digitalen Kunst sehr aufgeregt ist und dass die Möglichkeiten dieses künstlerischen Mediums unbegrenzt sind. Digitale Kunst ist ein seit langem etabliertes künstlerisches Medium, das bis in die 1950er Jahre zurückreicht, als Einzelpersonen erstmals Zugang zu Computersystemen erhielten. Vor dem Aufkommen von NFTs und der Blockchain-Technologie war es schwierig, Werken, die ausschließlich mit digitalen Methoden geschaffen wurden, einen Wert zuzuweisen. All dies soll bedeuten, dass digitale Kunst nicht neu ist, sondern nur neu für die Kunstwelt, und wir sehen, wie sie aufholt. Wir sind begeistert, dass wir nun das Privileg haben, unser Netzwerk zu nutzen, um die fortschrittlichsten Künstler dieses Mediums auf dem Weltkunstmarkt vorzustellen."

"Würden die NFT-Kunstwerke also von der üblichen akademischen Kunstwelt beurteilt werden, oder werden sie in einem parallelen Ökosystem existieren?" Wendy Cromwell, die Gründerin der Boutique-Beraterin Cromwell Art, ist in dieser Hinsicht positiv gestimmt. "Der Kunstmarkt folgt dem Geld, und letztlich auch die Künstler", stellt sie fest. Sie ist davon überzeugt, dass der traditionelle Kunstmarkt in Zukunft die NFTs unterstützen wird, da die Qualität der NFT-Kunst steigt und die Sammler daran teilhaben wollen.

Urheberrecht für Ihre NFTs

Die Person, die den NFT kauft, hat zweifelsohne die Fähigkeit erworben, diesen speziellen NFT zu kaufen und zu verkaufen. Das ist alles, was sie bekommen wird. Ein Eigentumsrecht an einer NFT gewährt keine Rechte an geistigem Eigentum. Stattdessen verleiht es ein Recht an der erworbenen digitalen Datei. Dabei spielt es keine Rolle, um welche digitale Datei es sich handelt. Eine NFT garantiert nicht, dass die Person, die sie erstellt hat, überhaupt das Recht dazu hatte. Viele Plattformen arbeiten daran, dieses Problem zu lösen.

Nehmen wir an, ein Nutzer lädt ein urheberrechtlich geschütztes Werk hoch; die AGB von SuperRare enthalten sowohl eine DMCA- als auch eine Erstattungsrichtlinie. Wenn jemand eine halbe Million Dollar für ein Kunstwerk bezahlt, das sich als illegal herausstellt, und der Verkäufer seine Kryptowährung abhebt, aus dem Land flieht und das gesamte Geld verprasst, wäre der Käufer am Haken. Einige argumentieren, dass das Heilmittel mehr Kryptowährung und Blockchain-Ledger sind, die es ermöglichen würden, die Aktivitäten von Betrügern zurückzuverfolgen, aber die Welt ist noch nicht ganz so weit.

Anders ausgedrückt: Der Kauf eines NFT-Werks der digitalen Kunst ist mit dem Kauf eines physischen Kunstwerks vergleichbar. Das zugrundeliegende Eigentumsrecht ist immer noch im Besitz der ursprünglichen Schöpfer oder Künstler. Wenn ich in ein Studio gehe und ein Gemälde kaufe, das ich bewundere, kann ich dieses Bild nicht an Coca-Cola verkaufen, um es auf ihren Dosen zu verwenden. Das wäre ein Verstoß gegen das Urheberrecht. Eine Urheberrechtsverletzung würde auch vorliegen, wenn ich ein Foto des Kunstwerks machen und eine NFT-Kopie verkaufen würde. Wenn ich eine NFT-Kopie von jemandem erworben habe, der gar nicht das Recht hatte, die NFT zu erstellen, haben er (und vielleicht auch ich) eine grundlegende Urheberrechtsverletzung mit einer technischen Abwandlung begangen.

Es gibt eine Reihe von irreführenden Marketingmaßnahmen im Zusammenhang mit NFT-Eigentum, die den Eindruck erwecken, dass das Interesse viel breiter angelegt ist. Käufer, aufgepasst!

Bauen Sie Ihre Marke als Künstler auf

Definieren Sie, wer Sie sind

Versuchen Sie zu definieren, wer Sie als Künstler sind. Was wollen Sie mit Ihrem Werk vermitteln? Welche Bedeutung hat Ihre Arbeit für Sie? Was zeichnet Ihre Arbeit aus? Beantworten Sie diese wichtigen Fragen, um mehr über sich selbst als Künstler zu erfahren. Überlegen Sie, was Ihre Kunstmarke wirklich ausmacht und wie sich Ihre Arbeit von der anderer unterscheidet. Das hilft den Menschen, sich an Sie zu erinnern und macht Ihre Kunst zugänglicher. Wenn es um Acrylfarben geht, steht die Marke Liquitex an vorderster Front der Technologie. Sie hat die weltweit ersten kadmiumfreien Farben entwickelt, die Künstlern eine sicherere Option für ihre Arbeit bieten, ohne dass sie auf Farbkraft oder Helligkeit verzichten müssen. Das Branding der Marke ist einfach, einprägsam und hat eine Botschaft zu vermitteln. Bitte beachten Sie das, Künstler! Potenzielle Kunden und Käufer sind eher bereit, in Ihr Unternehmen zu investieren, wenn sie eine Verbindung zu Ihnen und Ihrer Kunst herstellen können.

Was wollen Sie erreichen?

Was wollen Sie als Künstler mit Ihrer Marke erreichen? Möchten Sie Ihre Kunst mit der Öffentlichkeit teilen und mehr Anerkennung als Künstler gewinnen? Oder sind Sie daran interessiert, Ihre Bilder nebenberuflich zu verkaufen? Wollen Sie von Ihrer Leidenschaft für die Kunst leben? Sie müssen zunächst feststellen, was Sie erreichen wollen, um sicherzustellen, dass Sie die richtigen Maßnahmen ergreifen, um Ihre Ziele zu erreichen. Bestimmen Sie in finanzieller Hinsicht Ihre Rendite, und erstellen Sie dann einen strategischen Plan, um dieses Ziel zu verwirklichen!

Verbreite das Wort

Warum prüfen Sie nicht, ob es Möglichkeiten gibt, gemeinsam an Kunstprojekten zu arbeiten oder sich gegenseitig dabei zu unterstützen, ein größeres Publikum zu erreichen? Oder schauen Sie, ob erfahrene Künstler in Ihrer Nachbarschaft bereit sind, aufgrund ihrer Erfahrungen Ratschläge zu erteilen. Sie könnten derjenige sein, der die Künstler Ihres Netzwerks zusammenbringt. Warum versuchen Sie nicht, neben der Interaktion mit anderen

Künstlern auch Verbindungen zu den Herstellern der von Ihnen bevorzugten kreativen Produkte aufzubauen? Wenn Sie wirklich die Sichtbarkeit Ihrer Kunst erhöhen wollen, gibt es keinen besseren Weg als die Zusammenarbeit mit Menschen, die das möglich machen. Unternehmen für Kunstzubehör arbeiten häufig mit Künstlern zusammen, um neue Produkte zu entwickeln. Wenn Sie sich über die Artikel und die sozialen Netzwerke Ihres Lieblingsunternehmens für Kunstzubehör auf dem Laufenden halten, können Sie eine Beziehung aufbauen.

Erreichbar sein

Unabhängig davon, ob Sie persönliche oder Online-Aktivitäten mit Ihrem Publikum bevorzugen, müssen Sie sich zugänglich machen. Nutzen Sie für den Anfang die Vorteile leistungsfähiger Online-Plattformen wie die sozialen Medien. Die meisten Menschen nutzen heute die sozialen Medien, um inmitten der Hektik und des Trubels in Kontakt zu bleiben. Eröffnen Sie ein Konto und/oder eine Seite auf den Kanälen, auf denen Ihre Fans die meiste Zeit verbringen, falls Sie das noch nicht getan haben. Beginnen Sie damit, Ihre Kunst mit Ihren Freunden und Ihrer Familie zu teilen; erstellen Sie eine Facebook-"Unternehmensseite" für Ihre künstlerische Marke, um weitere Informationen darüber bereitzustellen, wo man Ihre Kunst entdecken kann - egal, ob Sie ein Ladengeschäft haben, Ihre Kunst über Ihre Website verkaufen oder andere Online-Ressourcen wie Etsy nutzen. Informieren Sie regelmäßig über Ihre jüngsten kreativen Bemühungen sowie über alle Kunstwerke, die Sie zum Verkauf anbieten. Erstellen Sie Pinterest-Boards für die vielen Kunstthemen und Plattformen, die Sie nutzen. Halten Sie Ihr Instagram-Konto mit beeindruckenden Fotos und Videos Ihrer Arbeit auf dem Laufenden.

Machen Sie ihnen Lust auf mehr

Nachdem wir nun das Wesentliche behandelt haben, müssen Sie Markentreue aufbauen, um Ihre Fans und Käufer an sich zu binden. Und ob es Ihnen gefällt oder nicht, bei der Markentreue geht es nicht nur darum, Ihre Kunst zu verkaufen oder mit Ihrem Publikum zu teilen. Auch Sie möchten ein wenig von sich selbst preisgeben. Wie bereits erwähnt, möchten Sie, dass sich die Menschen mit Ihnen als Künstler und Ihrer Marke identifizieren. Eine einfache Methode, dies zu erreichen, ist die Nutzung sozialer Medien, um mit Ihren Kunden auf einer persönlicheren Ebene in Kontakt zu bleiben. Teilen Sie mit, was Sie dazu motiviert, Kunst zu produzieren, und teilen Sie wichtige Entwürfe und Aktualisierungen sowie Ratschläge mit, die Sie anderen Künstlern geben können.

KAPITEL 12:

NFT und Immobilien

Die Blockchain-Technologie, angeführt von der revolutionären Form des digitalen Bargelds, bekannt als Bitcoin, bietet Entwicklern die Möglichkeit, neue Finanzprodukte auf der Grundlage der Blockchain-Technologie zu entwickeln. Eine solche Anwendung dieser aufstrebenden Technologie findet sich in der Immobilienbranche. Blockchain-basierte Währungen haben eine neue Möglichkeit für Menschen geschaffen, eine Immobilie zu kaufen und zu verkaufen, ohne den traditionellen Institutionen oder Banken ausgeliefert zu sein. Hier wird untersucht, wie diese Technologien bei Immobilientransaktionen eingesetzt werden können, um die Transparenz und Effizienz zu erhöhen und gleichzeitig einige Bedenken hinsichtlich des Datenschutzes auszuräumen, die im Zusammenhang mit diesen Innovationen aufgetreten sind.

Immobilien bestehen aus Gebäuden, Grundstücken und anderen materiellen Vermögenswerten. Für die meisten Menschen beginnt das Konzept der Immobilie jedoch mit einem Haus. Gerade dieser Vermögenswert hat das größte Interesse an diesen Technologien geweckt, denn viele wollen ihre Häuser zu niedrigen Preisen verkaufen, sobald sie Blockchain-basierte Tauschdienste nutzen können. Die Blockchain-Technologie gibt uns die Möglichkeit, eine Immobilie auf einer echten Peer-to-Peer-Basis zu kaufen und zu verkaufen. Das bedeutet, dass wir für diesen Service nicht auf große Banken oder teure Zwischenhändler angewiesen sind.

Die Blockchain-Technologie hat neue Möglichkeiten für den An- und Verkauf von Preisen für bestimmte Arten von Immobilien wie Mietobjekte und Parkplätze eröffnet. Mit dieser Technologie können wir Verkäufern höhere Renditen bieten und die Nachfrage nach Immobilien steigern, da die Menschen nur das kaufen wollen, was sie auch mit Gewinn verkaufen können. Es gibt ein altes Sprichwort, das besagt: "Wenn du nicht dafür bezahlst, bist du das Produkt". Das ist etwas, das wir bei unseren Immobilientransaktionen berücksichtigen müssen.

Die Einführung der Blockchain-Technologie ist in den letzten Jahren langsam und schrittweise erfolgt und hat noch einen langen Weg vor sich, bevor wir große Veränderungen in der Immobilienbranche sehen werden.

Immobilienentwickler auf der ganzen Welt beginnen mit der Entwicklung von Innovationen, die sich auf die Blockchain-Technologie stützen, einschließlich Wohn- und Geschäftsgebäuden. Es besteht auch der Wunsch, andere Arten von Vermögenswerten in dieses System zu integrieren.

Der Mitbegründer von Ethereum, Gavin Wood, hat sich eine Zukunft ausgemalt, in der Immobilien über die Blockchain-Technologie gehandelt werden können. Sein Unternehmen Ethcore, das sich auf die Entwicklung von Ethereum-Anwendungen spezialisiert hat, hat intelligente Verträge entworfen, die Menschen beim Kauf und Verkauf einer Immobilie helfen sollen, ohne dass sie ihre Finanzdaten für die ganze Welt offenlegen müssen.

Der anonyme Verkauf einer Immobilie ermöglicht es Menschen, denen es unangenehm sein könnte, ihr Vermögen online zu zeigen, ohne zu viele Informationen über sich selbst oder dieses private Vermögen preiszugeben.

Der Einsatz der Blockchain-Technologie im Immobilienbereich hat viele Vorteile. Zum einen ermöglicht sie es, Informationen über die Eigentumsverhältnisse eines Vermögenswerts transparenter zu machen, als dies jemals zuvor der Fall war. Im Moment gibt es in der Immobilienbranche so viele Probleme. Die Makler versuchen alles, um das Vermögen ihrer Kunden um jeden Preis zu schützen. Das hat zur Folge, dass es keine einzige Informationsquelle gibt, die Ihnen alles über den Wert Ihrer Immobilie sagt und wie viel sie wert ist. Das macht es schwierig, wenn nicht gar unmöglich, seine Immobilie über traditionelle Kanäle wie Zeitungen oder Online-Kleinanzeigen zu verkaufen.

Der Mangel an Informationen über den Immobilienmarkt hat viele Immobilienentwickler gezwungen, Websites zu erstellen, die eine Flut von Daten über ihre Websites veröffentlichen.

Das Problem ist, dass diese Datenflut es für den Durchschnittsbürger schwierig macht, der vielleicht keine Zeit hat, alle Informationen zu sichten. Eine Lösung ist der Einsatz der Blockchain-Technologie. Mithilfe dieser Technologie kann jeder Verkäufer oder Käufer genau sehen, wie sich der Kaufpreis der Immobilie im Laufe der Zeit verändert. Der Käufer kann auch sehen, wie viel Einkommen er von seiner Immobilie erwarten kann und welche Steuern er nach dem Verkauf möglicherweise zahlen muss.

Die Blockchain-Technologie ermöglicht auch Mikrozahlungen, d. h. Menschen können kleine Grundstücke wie Parkplätze und Lagerräume kaufen und verkaufen.

In der Immobilienbranche geht es zu wie im Wilden Westen. Sie ist voll von Kriminellen, Korruption und Bestechung. Die Blockchain macht nichts einfacher, sie stellt nur Werkzeuge zur Verfügung, die helfen, diese Probleme zu bekämpfen.

Anleihen und Derivate sind Finanzinstrumente, mit denen die Menschen jeden Tag zu tun haben. Sie werden von großen Unternehmen zur Kapitalbeschaffung verwendet, indem sie Wertpapiere verkaufen, die Renditen versprechen, die zu einem späteren Zeitpunkt gezahlt werden. Dieser Prozess wird durch die Einführung der Blockchain-Technologie effizienter gestaltet. Viele Geschäftsleute möchten sich an der Blockchain-Entwicklung beteiligen, sind sich aber nicht sicher, wie sie funktioniert. Es gibt immer noch einige Missverständnisse über diese Technologie, die ausgeräumt werden müssen, bevor sie in der Immobilienbranche eingesetzt werden kann. Das Verständnis für die Funktionsweise dieser Technologie ist wichtig für alle, die darauf aufbauende Finanzprodukte entwickeln wollen.

Die Blockchain-Technologie hat das Potenzial, Anleihen transparenter und effizienter zu machen, als sie es je zuvor waren. Das ist in der Immobilienbranche nicht anders, aber es wird noch einige Jahre dauern, bis diese Technologie vollständig integriert ist. Wenn Sie mit Blockchain-basierten Vermögenswerten Geld verdienen wollen, sollten Sie sie in einem frühen Stadium kaufen. Sobald sie in Betrieb gehen, könnte es einen Ansturm von Anlegern geben, die ihr Geld in sie investieren, was den Wert dieser Vermögenswerte erheblich steigern wird.

Ein weiteres ernsthaftes Problem ist die Schwierigkeit, das Eigentum an bestimmten Immobilien zu überprüfen. In vielen Ländern gibt es zum Beispiel Vorschriften für die Übertragung von Eigentumstiteln.

Diese Vorschriften sollen sicherstellen, dass niemand Häuser verkaufen kann, ohne dafür Steuern zu zahlen, oder sie auf andere Weise illegal verkauft.

Die Blockchain-Technologie ermöglicht es Menschen, eine Immobilie zu kaufen und zu verkaufen, ohne sich um Steuern kümmern zu müssen. Dies ist besonders hilfreich in Ländern, deren Regierungen nicht so stabil sind oder die mit finanziellen Problemen zu kämpfen haben. Auch die Entwicklung von Immobilien wird mit dieser Technologie einfacher.

Unerwünschte Grundstücke, die in den Augen der meisten Bauherren keinen Wert haben, können genutzt werden, um sicherzustellen, dass alle Staatsbediensteten am Ende des Monats ihr Gehalt erhalten.

Der Immobilienmarkt ist für Menschen auf der ganzen Welt extrem wichtig. Es gibt so viele verschiedene Arten von Produkten, die auf der Blockchain-Technologie aufgebaut werden können, aber keines davon wurde bisher entwickelt. Damit sich diese Technologie durchsetzen kann, muss sie in Produkte integriert werden, die bereits von der Öffentlichkeit genutzt werden. Meistens handelt es sich dabei um immobilienbezogene Technologien, die auf der Blockchain-Technologie aufgebaut werden.

Die Menschen wollen sich beim Kauf von Immobilien sicher fühlen, aber es gibt viele Betrüger in der Branche. Im Moment ist dies eine der häufigsten Methoden, mit denen Menschen ihre Immobilien verkaufen. Im Vergleich dazu kann die Blockchain-Technologie helfen, Eigentümer vor Betrug zu schützen. Alle Transaktionen werden in öffentlich zugänglichen Datenbanken aufgezeichnet, die nicht unbemerkt verändert werden können. Dies verhindert Betrug und macht es auch extrem schwierig für Menschen, gefälschte Immobilien zu verkaufen.

Infolge der wachsenden Nachfrage nach Luxusimmobilien haben viele Länder ihre Mindestpreise für Vermögenswerte erhöht, um politische Korruption zu decken und

Bestechung auf hoher Ebene zu verringern. In Zukunft könnte die Blockchain-Technologie helfen, diese Probleme zu verringern. Mit der Verbesserung der Technologien werden viele Menschen Zugang zu derselben Menge an Informationen über die Wertentwicklung einer Immobilie haben, ohne dass sie gezwungen sind, eine Anleihe zu kaufen oder ein Buch zu erwerben. Das Ergebnis ist ein Immobilienmarkt, der effizienter und transparenter ist, als er es je zuvor war.

Derzeit gibt es noch keine Unternehmen, die die Blockchain-Technologie vollständig in ihre Produkte integrieren konnten. Die meisten von ihnen konnten Teile davon implementieren, aber keines war in der Lage, alle Teile an einem Ort zu integrieren. Wenn Sie in dieser Branche Geld verdienen wollen, sollten Sie Vermögenswerte kaufen, die sich leicht in Immobilienprodukte integrieren lassen.

Immobilien sind einer der profitabelsten Märkte überhaupt. Sie sind für Menschen auf der ganzen Welt extrem wichtig und haben vielen Menschen einen komfortablen Lebensstil ermöglicht, mit dem sie zu Beginn ihrer Karriere nicht gerechnet haben. Es gibt Zeiten, in denen die Immobilienpreise durch die Decke gehen, und andere Zeiten, in denen Unternehmen und Investoren mit einer Immobilie nach der anderen ihr letztes Hemd verlieren. Dies sollte den Menschen zeigen, wie unbeständig diese Branche ist, aber die Wahrheit ist, dass es eine Menge Möglichkeiten für diejenigen gibt, die wissen, wie man damit Geld verdienen kann.

KAPITEL 13:

Vor- und Nachteile von NFTs

Da die Informationen sehr umfangreich sind, dachte ich, es könnte hilfreich sein, einen Abschnitt über die Vor- und Nachteile einzufügen, damit Sie einen zur Hand haben, wenn Sie sich entscheiden, mit dem Handel zu beginnen. Dies soll Sie keineswegs davon abhalten, die Vorteile der bisher größten Sache in der Kryptowährung zu nutzen. Damit soll lediglich sichergestellt werden, dass Sie vollständig ausgerüstet und gut informiert sind, bevor Sie mit dem Handel beginnen. Es ist sozusagen ein letzter Check, um die Gründe dafür zu untermauern, dass Sie Teil von etwas Aufregendem und sehr Profitablem sein wollen, das auch Teil der Technologiegeschichte ist.

Nachteile

Unvorhersehbarkeit

Die Preise für Sammlerstücke sind hoch und auf lange Sicht nicht wertbeständig, so dass es sich aufgrund der Unvorhersehbarkeit dieser Art von Handel um ein Glücksspiel handelt. Dies geschieht, weil es so neu und aufregend ist, so dass jeder daran teilhaben möchte, insbesondere Investoren.

Das treibt die Preise in die Höhe, aber auch wenn NFTs für viel Geld verkauft werden können, sind die Preise gesunken. Es ist nicht immer eine Garantie, mit einem Stück Millionen zu verdienen.

Dasselbe lässt sich über jedes neue und aufregende Kunstwerk sagen: Jeder stürzt sich darauf, um dabei zu sein, und die Popularität macht es teuer. Aber es handelt sich keineswegs um eine Blase, die platzen wird, sondern nur um den Beginn einer technologischen Revolution und eine neue Möglichkeit, auf intelligente Weise und ohne viel harte Arbeit Geld zu verdienen.

Sicherheit

Wenn die Daten falsch eingegeben oder die Passwörter nicht sicher aufbewahrt werden, können NFTs gestohlen werden oder verloren gehen. Bei vielen Künstlern wurden ihre Werke ohne ihr Wissen mit Token versehen, und es ist nicht klar, wie man in diesem Stadium sein Eigentum zurückfordern kann. Dasselbe gilt jedoch auch für Fälschungen in der Kunstwelt. Es gibt auch Fälle, in denen die Provenienz von Kunstwerken verfälscht wird, was sich wiederum auf die Gültigkeit der Geschichte eines Kunstwerks auswirken kann.

Am sichersten ist es, die gleichen Regeln für jede Internet-Transaktion zu befolgen, da dies auch bei anderen Online-Zahlungen der Fall ist. Es handelt sich nicht um ein neues Sicherheitsproblem; es wird nur hervorgehoben, weil jede Person sicherstellen muss, dass sie die Protokolle befolgt, die erforderlich sind, um ihre Informationen sicher und geschützt zu halten, damit sie das Internet sicher nutzen kann.

Profis

Künstler-Benefiz

Künstler können Tantiemen kassieren und werden für ihre Werke bezahlt, die nicht kopiert werden können. So ist gewährleistet, dass die Künstler geschützt sind und nicht überall Nachahmungen zu finden sind. Als NFT-Künstler ist dies nicht nur ein guter Weg, um sicherzustellen, dass Ihre Kunstwerke gesehen werden, sondern auch, um kontinuierlich an jedem Weiterverkauf zu verdienen. Es macht es einfacher, diesen leidenschaftlichen Traum zu leben und davon zu leben.

Kunst für alle zugänglich machen

Sammlerstücke und Kunst sind interaktiver und ansprechender, es gibt viel zu sehen und zu genießen. NFTs machen Kunstsammlungen und deren Wertschätzung zu etwas, das jeder erleben kann. Es ist wie ein Revival von Kunst und Sammlerstücken, mit so vielen Möglichkeiten und neuen Technologien, dass es aufregend ist. Das ist genau das, was die Welt jetzt und in Zukunft braucht, und hoffentlich wird es auch so bleiben.

Authentizität

Das Eigentum wird dem Hauptbuch hinzugefügt und mit dem Gegenstand verifiziert, sodass Sie garantiert einen authentischen Gegenstand erhalten, der im Wert steigt. Die Blockchain-Technologie ist in die Erstellung und Verwendung von NFTs integriert, sodass Transaktionen in einem Hauptbuch gespeichert und nachverfolgt werden. Die Eigentümerschaft wird bei jedem Verkauf nachverfolgt.

Ease

NFTs sind einfach zu erstellen und zu verkaufen, da es viele Marktplätze mit einer Reihe von Funktionen und praktischen Schritt-für-Schritt-Anleitungen gibt. Das macht den Kauf und Verkauf von digitaler Kryptokunst unkompliziert.

Passives Einkommen

Schließlich ist der Handel mit NFTs eine großartige Möglichkeit, ein passives Einkommen zu erzielen. Wenn Sie ein digitaler Künstler sind, müssen Sie zunächst etwas erschaffen, um in ein NFT zu münzen, aber die Rendite ist so hoch, dass Sie nicht jeden Tag oder jede Woche ein Werk verkaufen müssen.

Allein durch den Handel mit NFTs verdienen viele Menschen Tausende, wenn nicht sogar Millionen, indem sie das richtige Stück billig kaufen, wenn es gerade im Trend ist, und es dann zu einem höheren Preis verkaufen. Es kommt nur darauf an, den Markt für die richtigen Trends im Auge zu behalten.

KAPITEL 14:

NFT-Risiken und Betrug und Wie man sie vermeidet

Der Hype um NFTs ist echt, und viele beliebte NFTs wurden für Hunderte von Dollar verkauft. So aufregend der NFT-Bereich auch ist, wir müssen innehalten und auch die Risiken anerkennen. Wie Garyvee getwittert hat, werden 97-99 % der NFT-Projekte Geld verlieren, also sind Lernen und Geduld ebenfalls wichtig. Wir müssen auch die negativen Aspekte berücksichtigen und darüber sprechen.

NFT Major Trading Risks

Eine Replik kaufen

Wir müssen innehalten und uns fragen: Ist das, was wir bekommen, echt? Das ist ganz ähnlich wie bei traditionellen Kunstwerken. Wenn Sie zum Beispiel einen Picasso haben, den Sie für echt halten, und jeder glaubt, dass er echt ist, ist er Millionen von Dollar wert. Was passiert jedoch, wenn Sie einen Fachmann kommen lassen, um es zu überprüfen, und der findet heraus, dass es nicht echt ist. Sofort ist das Gemälde nur noch fünf Dollar wert. Das Gleiche passiert in der NFT-Welt; Menschen fallen diesem Betrug zum Opfer, und das wird wahrscheinlich auch weiterhin passieren. Die Aufzeichnungen dieses Kontos zeigen Hunderte von Verkäufen an Käufer, die von 0,116 Ethereum bis zu über 60 Ethereum für ein Stück mit dem Titel "NFT Idioten" reichen. Wenn Sie nicht zu den Idioten gehören wollen, müssen Sie die NFT, die Sie kaufen wollen, genau unter die Lupe nehmen, insbesondere die wertvollen.

Das ist gar nicht so schwer. Sie müssen nur zu diesem Werk gehen und seine Geschichte überprüfen: wann es verkauft wurde, wer es auf allen Plattformen ersteigert hat. Sie werden sehen, dass ein gefälschter Account nur etwa 300 Follower hat, aber der echte Banksy-Account kann auf keinen Fall so wenige Follower haben. Wenn Sie ein Fan von King sind, können Sie dieses Konto auch in der Suchleiste der Plattform suchen. Wenn andere Profile auftauchen, können Sie auch in den sozialen Medien nachsehen. Nahezu alle diese Personen mit einem guten Ruf haben einen Grund für ihren Ruf. Sie sind wahrscheinlich auf Instagram, Twitter, Facebook oder überall dort zu finden. Wenn Sie die sozialen Medien dieser Leute überprüfen, können Sie wahrscheinlich den Link zu ihren NFTs finden, der Sie zu derselben Seite zurückbringt, die Sie gerade auf den Marktplätzen gefunden haben. Jetzt können Sie überprüfen, ob es sich um die echten NFT-Konten handelt.

Wenn Sie etwas sehen, das zu billig und von einem großen Künstler zu sein scheint, ist das ein Warnsignal. Wenn Sie auf eine einflussreiche Person stoßen, die eine NFT für 15 ETH verkauft, halten Sie einen Moment inne, überprüfen Sie das Profil, den Verlauf und vergleichen Sie es mit anderen sozialen Medien.

Flüssiger Markt

Eines der größten Probleme des NFT-Marktes ist, dass er illiquide ist. Wenn wir uns die Kryptomärkte ansehen, sind sie viel liquider, was bedeutet, dass man, wenn man Krypto kauft und die Dinge anfangen, sich zu verschlechtern, aus seiner Position aussteigen oder ein Viertel oder alles verkaufen kann. In der Welt der NFT ist dies jedoch im Moment nicht möglich. Es ist ein Alles-oder-Nichts-Verkauf. Schauen wir uns Kryptowährungen an, so bauen sie im Laufe der Zeit Unterstützungsebenen auf. Die Bitcoin-Charts haben zum Beispiel gleitende Durchschnitte, und wir haben eine Menge Daten aus der Vergangenheit, die uns zeigen, in welchem Bereich dieser Krypto bewertet sein könnte. Selbst wenn er also zu sinken beginnt, können wir langsam aus unserer Position aussteigen. Aber in der Welt der NFT-Kunst oder -Spiele haben die Preise für diese NFTs keine Unterstützungsebene. Sie können über Nacht von 0 $ auf 100.000 $ steigen. Ein Krypto-Punk wurde für mehr als 700.000 $ verkauft, aber wenn wir seine Geschichte überprüfen, können wir sehen, dass er nur zweimal verkauft wurde: Er wurde für etwa 2.000 $ verkauft und dann für etwa 700.000 $ verkauft. Zwischen diesen Verkäufen gab es Gebote, und so ist es zu diesem hohen Preis gekommen.

Es ist wichtig, die Wertentwicklung der NFTs zu überprüfen. Ist der NFT über Nacht in die Höhe geschossen, oder hat er im Laufe der Zeit an Wert gewonnen? Es ist riskant, denn wenn Sie 1.000 oder 5.000 $ für einen NFT bezahlen und der Markt nach unten geht, können Sie nicht einfach aus Ihrer Position aussteigen. Auf dem illiquiden Markt geht es um alles oder nichts. Wenn es mit dem Markt bergab geht, gibt es nur sehr wenige Leute, die Ihren NFT kaufen wollen, für den Sie Tausende von Dollar bezahlt haben. Es kann sein, dass Sie für diesen NFT nichts bekommen. Wenn Sie also ein NFT kaufen wollen, sollten Sie sich die Historie ansehen, um die früheren Verkaufspreise, die Gebote und die Übertragungen zu überprüfen.

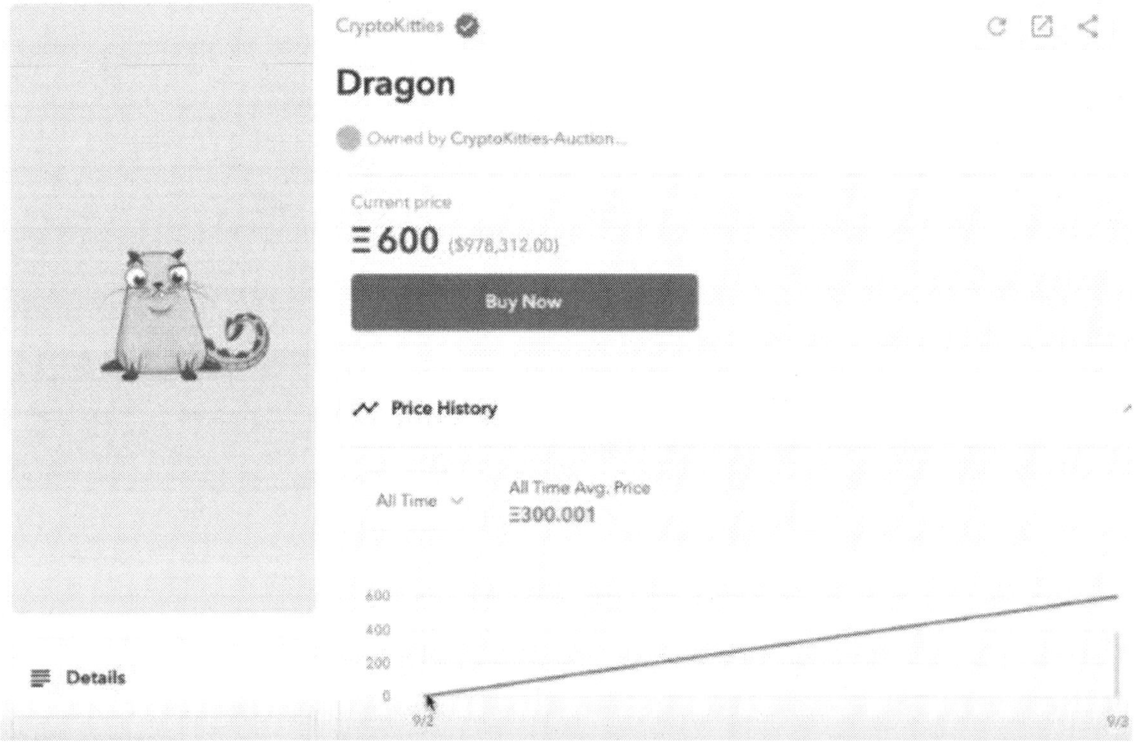

Schauen wir uns dieses CryptoKitty an; es wurde 2018 für 0,002 ETH verkauft, und der nächste Verkauf liegt bei 600 ETH im selben Jahr, und wir können hier kein Unterstützungsniveau der Preise erkennen. Außerdem lagen die vorherigen Gebote meist um 0,2 ETH. Wer also 600 ETH für diese NFT bezahlt hat, wird höchstwahrscheinlich auf ihr sitzen bleiben, und niemand will sie kaufen. Natürlich besteht die Chance, dass es irgendwann in der Zukunft höher verkauft wird, aber das ist ein großes Risiko und eine geringe Belohnung. Wir riskieren, Geld in einen NFT zu investieren, der sich möglicherweise nicht verkaufen lässt. Es ist also eine Frage des Risikos und der Belohnung.

Wenn es um die NFT-Welt geht, egal ob es sich um NFT-Kunst oder Spiele handelt, geht es darum, früh einzusteigen. Das ist jetzt viel schwieriger, weil es schwer vorhersehbar ist, welche dieser NFT-Sammlerstücke und -Spiele sich durchsetzen werden. Bei NFT-Kunst ist es vielleicht etwas einfacher, denn NFT-Kunst hat viel mit Reputation zu tun. Wenn jemand, der einen guten Ruf hat, NFT-Kunst oder -Sammlerstücke verkauft, kann man schon vorhersagen, dass es wahrscheinlich gut laufen wird. Der Schöpfer von Rick and Morty, Justin Roiland, beschloss zum Beispiel, NFTs auf Nifty Gateway zu verkaufen. Am Anfang lagen die Preise für seine NFTs bei nur einigen hundert Dollar. Wenn man es geschafft hat, früh einzusteigen, werden diese Stücke heute für Tausende von Dollar verkauft.

Es kann immer noch riskant sein, wenn man früh einsteigt, da man nicht weiß, ob man etwas Wertvolles in die Hände bekommt.

Waschgewerbe

Dies geschieht, wenn jemand eine NFT erstellt, sie zum Verkauf anbietet und sie dann von sich selbst zu einem hohen Preis zurückkauft, wodurch die Illusion entsteht, dass es sich um eine gefragte NFT handelt. Wenn Sie zum Beispiel sehen, dass eine NFT für 500 ETH verkauft wurde, aber wenn Sie die Historie überprüfen und feststellen, dass sie erst vor fünf Tagen erstellt wurde und jetzt für 500 ETH verkauft wurde, ist das sehr verdächtig. Wenn Sie sich die Handelshistorie der echten NFTs ansehen, werden Sie feststellen, dass die echten NFTs nicht einfach über Nacht von Null auf 1000 Dollar gestiegen sind. Es gibt viele Angebote auf dem Weg, und wir werden sehen, dass es den Preis nach oben bieten wird. Wenn Sie jemals ein Konto sehen, das nur eine Tonne von Angeboten und Verkäufen von zufälligen Adressen hat, die niemand überprüfen kann, ist es wahrscheinlich ein Wash Sale.

Zusammenfassend lässt sich sagen, dass Sie in der Welt der NFT sehr vorsichtig sein sollten. Wenn Sie eine NFT kaufen wollen, sollten Sie sich die Geschichte der NFT ansehen und den Urheber überprüfen.

NFT-Betrug, den Sie vermeiden müssen

Häufige Krypto-Betrügereien

Wenn Sie auf diese NFT-Betrügereien hereinfallen, werden Sie alles verlieren, wofür Sie so hart gearbeitet haben. Stellen Sie sich vor, Sie besuchen einen MetaMask-Link, den Sie gegoogelt haben, und es stellt sich heraus, dass es sich um einen Phishing-Link handelt; Sie verlieren sofort alles, was Sie gerade in die gefälschte Brieftasche gesteckt haben. Eine ähnliche Situation ist für NFT-Künstler noch schlimmer. In der NFT-Kunstwelt müssen Sie sich einen Ruf aufbauen, und Ihr Ruf ist direkt mit Ihrer Adresse verknüpft. Auf der ersten Seite von Rarible sehen Sie zum Beispiel die Top-Verkäufer der letzten 30 Tage, die mit ihren Adressen verknüpft sind. Nehmen wir an, Sie haben sich einen guten Ruf erarbeitet, sehr hart gearbeitet und es in den letzten 30 Tagen auf diese Liste der Top-Verkäufer geschafft. Doch plötzlich wurde Ihre Geldbörse gehackt, und Sie können sie nicht mehr verwenden. Das ist sehr schwer wiederherzustellen, es sei denn, Sie sind jemand, der eine Million Follower hat.

Wenn Sie jemand wie Mark Cuban sind und Ihre Brieftasche gehackt wurde, können Sie einfach auf Twitter gehen und Ihre Follower darüber informieren, dass Ihre Brieftasche gehackt wurde, und den Link zu Ihrer neuen Brieftasche angeben. Aber wenn Sie ein aufstrebender Künstler sind oder gerade erst in den NFT-Bereich eingestiegen sind, haben Sie vielleicht über ein Jahr lang gearbeitet und sich einen Ruf aufgebaut. Plötzlich ist die von Ihnen geschaffene Adresse, der mit Ihrer Adresse verbundene Ruf, in Gefahr. Sie können diese Brieftasche nicht mehr benutzen, und es kommt noch schlimmer. Für NFT können Sie Lizenzgebühren festlegen, z. B. wenn Sie Kunstwerke schaffen und 10 oder 20 % Lizenzgebühren für jeden Wiederverkauf dieser NFT festlegen. Diese Lizenzgebühren gehen an die Geldbörse zurück, die das NFT erstellt hat.

Wenn Sie also eine Geldbörse erstellt haben, sich einen Namen gemacht haben, NFTs verkauft haben und dafür Tantiemen erhalten, gehen diese an die ursprüngliche Geldbörse zurück. Wenn Ihr Portemonnaie gehackt wird oder Sie auf einen Phishing-Betrug hereingefallen sind, hat jetzt jemand Zugang zu Ihrem Portemonnaie, und Sie können es nicht mehr benutzen. Sie müssen weiterziehen.

Dies ist nur ein Bruchteil dessen, was in der Kryptowelt vor sich geht. Die Krypto-Welt ist voll von Betrügereien. Wo immer es Geld gibt, werden die Betrüger hingehen. Das Ökosystem der Kryptowelt ist voll von Geld. Es gibt auch Phishing-Links, die an Ihre E-Mail geschickt werden können. Es kann sein, dass Sie einen Betrug von "Ledger" erhalten, in dem behauptet wird, dass Sie aus Ihrer Brieftasche ausgesperrt sind und Sie aufgefordert werden, Ihre 12- oder 24-Wörter-Seed-Phrase anzugeben. Geben Sie niemals Ihre Seed Phrases weiter! Niemals! Das einzige Mal, dass Sie Ihre Seed-Phrasen in der Kryptowährung verwenden werden, ist, wenn Sie sie initiieren. Denken Sie daran, dass Sie derjenige sind, der eine Ledger-Wallet oder die anderen Wallets erstellt oder wiederherstellt.
Wenn Sie also eine E-Mail erhalten, handelt es sich wahrscheinlich um einen Betrug.

Es kann auch bei Börsen wie Coinbase vorkommen. Gefälschte E-Mails sehen so aus, als wären sie von Coinbase und sagen, dass Sie aus Ihrem Konto ausgesperrt wurden, ändern Sie Ihr Passwort, klicken Sie auf diesen Link und machen Sie weiter. Dies ist ein Phishing-Betrug. Wenn Sie also eine E-Mail erhalten, die nicht von Ihnen stammt, seien Sie immer vorsichtig. Wenn Sie jemals etwas von einer Website wie Coinbase erhalten, ist es vielleicht echt, aber die Art und Weise, wie Sie dies überprüfen, ist nicht, indem Sie auf den Link klicken, der Ihnen geschickt wurde, sondern indem Sie die App auf die normale Art und Weise eingeben, die Sie normalerweise tun. Reagieren Sie nicht auf E-Mails oder Links, die Sie nicht selbst initiiert haben.

Krypto-Werbegeschenke-Betrug

Elon Musk"-Krypto-Betrügereien haben den Opfern mindestens 587.000 $ gestohlen. Diese Art von Krypto-Betrug ist eine der am weitesten verbreiteten und findet sich in der Regel auf sozialen Plattformen wie Twitter und YouTube.

Wie funktionieren sie?

Die Hacker geben sich als prominente Unternehmen oder Persönlichkeiten des öffentlichen Lebens aus und behaupten, Krypto zu verschenken. Wenn Sie an diesen Verlosungen teilnehmen möchten, müssen Sie zunächst eine bestimmte Menge Krypto an die angegebene

Adresse schicken. Sie versprechen oft, das Doppelte, Dreifache oder sogar noch mehr von dem zurückzuschicken, was Sie ihnen geschickt haben.

Sie wollen Ihnen das Gefühl geben, dass Sie eine große Chance verpassen, wenn Sie dies nicht tun. In der Regel geben sie die genaue Menge an Kryptowährungen an, die verschenkt werden, z. B. "100.000 BTC Werbegeschenk". Dann verwenden sie gefälschte Konten, um Kommentare abzugeben und es so aussehen zu lassen, als würden andere Leute die Kryptowährungen erhalten. Ihr Ziel ist es, Ihnen Angst zu machen, etwas zu verpassen, und Sie dazu zu bringen, den Betrügern Kryptowährungen zu schicken, noch bevor Sie sich genau überlegen, ob diese Werbeaktion echt ist oder nicht.

YouTube und Twitter Werbegeschenke

Auf YouTube können Sie einige Live-Stream-Videos sehen, in denen ein Unternehmen oder ein Prominenter über etwas spricht, das nichts mit NFT und Krypto zu tun hat. In den Kommentaren wimmelt es jedoch von Bots, die behaupten, sie hätten ein Giveaway erhalten. Sie können sogar sehen, dass einige gefälschte Werbegeschenkkonten blaue verifizierte Häkchen auf Twitter haben, was sie legitimer erscheinen lässt. Einige Bots antworten auf die Tweets und behaupten, die Werbegeschenke seien echt und sie hätten sie gerade erhalten. Damit wollen sie einen "sozialen Beweis" dafür erbringen, dass die Werbegeschenke legitim sind.

Sich selbst schützen

Bislang sind fast alle Arten von Krypto- oder NFT-Werbegeschenken Betrug. Es gibt ein ähnliches Muster, dem diese gefälschten Werbegeschenke folgen: Sie geben vor, jemand anderes zu sein, und fordern Sie dann auf, Krypto zu senden, bevor sie Ihnen mehr zurückgeben. Der beste Weg, sich zu schützen, ist, sich zu informieren und die Fähigkeit zu erlangen, diese Art von Betrug zu erkennen.

Krypto-Transaktionen sind unumkehrbar, das heißt, Sie können Ihr Geld nicht zurückbekommen. Sobald Ihre Kryptowährung also an diese gefälschten Adressen gesendet wurde, ist sie für immer weg. Das ist auch der Grund dafür, dass diese Art von Betrug sehr effektiv ist und immer wieder vorkommt.

Die Quintessenz ist: Wenn etwas zu gut klingt, um wahr zu sein, ist es sehr wahrscheinlich ein Betrug. Denken Sie zweimal nach, bevor Sie Ihre Kryptowährung an andere weitergeben.

YouTube-Imitatoren

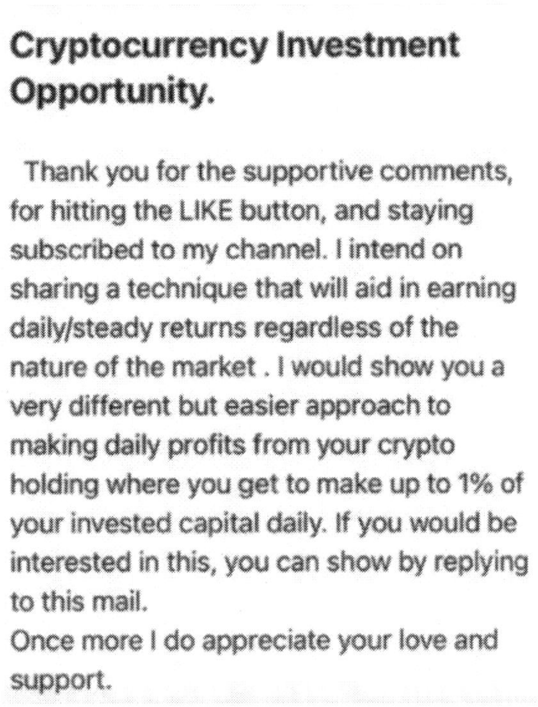

Cryptocurrency Investment Opportunity.

Thank you for the supportive comments, for hitting the LIKE button, and staying subscribed to my channel. I intend on sharing a technique that will aid in earning daily/steady returns regardless of the nature of the market . I would show you a very different but easier approach to making daily profits from your crypto holding where you get to make up to 1% of your invested capital daily. If you would be interested in this, you can show by replying to this mail.
Once more I do appreciate your love and support.

(KRYPTOWÄHRUNG INVESTITIONSMÖGLICHKEIT.)

(Vielen Dank für die unterstützenden Kommentare, für das Klicken auf den "Gefällt mir"-Button und dafür, dass Sie meinen Kanal abonniert haben. Ich beabsichtige, eine Technik zu teilen, die bei der Erzielung täglicher/stetiger Erträge unabhängig von der Art des Marktes helfen wird. Ich würde einen ganz anderen, aber einfacheren Ansatz zeigen, um tägliche Gewinne aus Ihrem Krypto-Bestand zu erzielen, bei dem Sie täglich 1 % Ihres investierten Kapitals ausmachen können. Wenn Sie daran interessiert sind, können Sie dies zeigen, indem Sie auf diese Mail antworten. Noch einmal, ich schätze Ihre Liebe und Unterstützung).

Beispiel für eine Nachricht

Es kann sein, dass du von einigen Youtubern Nachrichten oder E-Mails wie die oben genannten erhältst, aber in Wirklichkeit sind sie nicht von den Youtubern, die du magst und denen du folgst. Sie sehen echt aus, und es ist sehr schwer zu erkennen, was gefälscht und was echt ist. Die Art und Weise, wie sie sprechen, kann sehr echt klingen, und am Ende sagen sie etwas wie "melde dich bei mir" oder "schick mir Geld". Aber auch das ist Betrug. YouTuber haben normalerweise keinen Zugang zu den E-Mails ihrer Follower. Stellen Sie also sicher, dass es sich um einen Betrug handelt, wenn Sie nicht derjenige sind, der den Kontakt herstellt. Im Kryptobereich sollten Sie immer sicherstellen, dass Sie derjenige sind, der zuerst nach Informationen fragt.

Diese Art von Betrug wird in den YouTube-Kommentaren noch schlimmer. Es gibt viele Betrüger und Imitatoren in den YouTube-Kommentaren, die vorgeben, der Youtuber zu sein. Sie sagen Dinge wie "Danke für deinen Kommentar, melde dich bei mir auf WhatsApp" oder "Hier ist meine Telefonnummer". Du wirst auch sehen, dass sie WhatsApp auf eine lustige Art und Weise buchstabieren, wie z. B. "Wha-t-sapp", weil YouTube das erkennt. Aber wenn sie es lustig schreiben, wird es von YouTube nicht erkannt. Diese Betrüger überschwemmen die Kommentare, und die Leute reagieren auf sie und schicken ihnen Geld.

Es ist leicht zu erkennen, welche Konten echt oder gefälscht sind. Wenn es sich um den Ersteller des Videos handelt, befindet sich hinter dem Namen ein grauer Bereich. Wenn Sie keinen grauen Bereich hinter dem Namen sehen, stammt dieser Kommentar nicht vom Ersteller des Videos. Sie können auch auf das Profil klicken, um zu sehen, wie viele Abonnenten es hat. Wenn Sie auf ein Scammer-Profil klicken, sehen Sie, dass es keine oder nur wenige Abonnenten gibt.

Wenn Sie jemand bittet, mit ihm in Kontakt zu treten oder ihm Geld in Kryptowährungen zu schicken, sollten Sie immer derjenige sein, der den Anfang macht.

KAPITEL 15:
Mythen und Missverständnisse über NFTs

In diesem Kapitel werden wir über Mythen sprechen, nachdem wir Ihnen einen Überblick über das Konzept gegeben haben.

Die Nachfrage bestimmt die Knappheit

In den Anfängen der Gemeinschaft der nicht-fungiblen Token ging man davon aus, dass sich die Nutzer keine Gedanken über die beobachtbare Knappheit von NFTs machen und sie schnell kaufen würden, nur weil sie auf einer Blockchain sind. Stattdessen gehen wir davon aus, dass die Nachfrage von eher konventionellen Faktoren wie Nutzen und Authentizität beeinflusst wird. Der eindeutige Faktor ist der Nutzen: Ich werde ein NFT-Ticket kaufen, wenn es mir hilft, an einer Sitzung teilzunehmen; ich werde ein Kunstwerk kaufen, wenn ich es in einer digitalen Welt betrachten kann, und ich werde ein Objekt kaufen, wenn es mir einzigartige Fähigkeiten in einem Spiel verleiht. Die Idee der Authentizität bringt die Geschichte hinter einem NFT auf den Punkt. Woher stammt es? Wer hat es früher besessen? Die Geschichten faszinierender NFTs werden mit zunehmender Reife des Feldes immer nuancierter und haben einen bedeutenden Einfluss auf den Wert eines Tokens.

NFTs, Software-generierte Seriennummer

Eine NFT ist einfach eine von der Software generierte Seriennummer. Laut derselben Software gehört "diese Token-ID" zu "dieser Adresse". Es gibt jedoch keine Möglichkeit zu überprüfen, ob die Token-ID mit dem virtuellen Vermögenswert (JPG, MP4 usw.) verbunden ist, da die Token-ID keinen Hash des virtuellen Vermögenswertes enthält und der digitale Vermögenswert keine überprüfbare digitale Signatur aufweist. Sie haben nur das Wort des Emittenten, dass sie miteinander verbunden sind. NFTs sind bestenfalls eine Art "virtueller Blanko-Beweis", bei dem das Blanko nur von einem Drittaussteller ausgefüllt und bestätigt werden kann. Zumindest wären NFTs die virtuelle Entsprechung von Autogrammen*, wenn der Ersteller sie verifiziert.

Mindestens eine Website scheint signierte digitale Inhalte (Tweets) zu liefern, aber es ist unklar, was genau eine digitale Signatur ist oder wie man sie vor dem Kauf des NFT objektiv validieren kann. Bei der "Signatur" handelt es sich in der Regel um eine Bestätigung, dass man sich zum Verkauf eines Tweets mit der Cent/Wertpapier-Website über seine Twitter-Daten verbinden soll, was darauf hindeutet, dass der Betreiber des Twitter-Kontos den Verkaufsprozess eingeleitet hat. Dies erscheint mir unzuverlässig, da ich eine authentische digitale Signatur erwartet habe, die in den Token integriert ist und mit einem öffentlichen Schlüssel überprüft werden kann. Wenn dieser Fehler verifiziert wird, sollte der Cent/Valuables-Token einem "ungewaschenen getragenen Sweatshirt" ähneln, was darauf hindeutet, dass es eine Art persönliche "Verbindung" zwischen dem Ersteller und dem Token gibt (auch wenn es sich nicht um eine digitale Signatur handelt).

NFTs sind nicht dezentralisiert

Die Menschen könnten ihre Token münzen und über vertrauenswürdige Open-Source-Clients "geeignete" dezentralisierte Verkaufs- und Erkennungsdienste nutzen. Im Fall von Nifty und anderen Netzwerken ist das jedoch nicht der Fall.

Ein Dritter beaufsichtigt die Münzprägung (der "Hauptmarkt"). Der Dritte arbeitet als Vermittler und nimmt eine Provision. Es ist möglich, dass die dritte Partei etwas vortäuscht, Fehler macht oder gehackt wird. Dadurch werden die ursprünglichen Vorteile einer dezentralen Blockchain zunichte gemacht.

Derselbe Dritte überwacht den Wiederverkaufsmechanismus (auch als "Sekundärmarkt" bezeichnet). Ein Peer-to-Peer-Austausch von Einzelstücken ist wiederum nicht möglich. Sie benötigen ein zentrales Forum, in dem sich Käufer und Verkäufer treffen und gegenseitig kennenlernen können. Um Kauf- und Verkaufsgeschäfte abzuschließen und eine Verbindung herzustellen, müssen sie sich zunächst auf einer Website eines Drittanbieters anmelden.

Die öffentliche Blockchain wird nur zur Verfolgung von Transaktionen verwendet. Eine SQL-Datenbank könnte diese Seriennummern, Transaktionen und Nutzer effektiver speichern. Sie können sicher sein, dass die Websites der NFT-Emittenten ihre Daten bereits in SQL-Dateien speichern, warum also die Details und den Aufwand verdoppeln?

Einpacken

NFTs können bestenfalls dazu verwendet werden, virtuelle Autogramme oder ungewaschene getragene Sweatshirts abzubilden. Viele von ihnen sind derzeit nur "leere digitale Erklärungen" ohne Rechtsgültigkeit und ohne Verbindung zur tatsächlichen Produktion außer dem Titel des Drittausstellers. Die Verwendung öffentlicher Blockchains läuft auf nichts anderes hinaus als auf eine Standarddatenbank mit einer PKI, auf die über APIs zugegriffen werden kann. Das Produkt sollte auf den Websites der Ersteller angeboten werden, wenn der Ersteller es nicht kryptografisch verifiziert. Sie können Auktionen veranstalten, einen Sekundärmarkt schaffen und echte Exklusivität bieten. In der Regel werden auf der Website eines Fotografen Bilder mit niedriger Auflösung oder Wasserzeichen angeboten, wobei die beeindruckenden hochauflösenden Bilder erst gezeigt werden, wenn der Kunde dafür bezahlt hat.

NFTs sind nicht völlig vertrauenswürdig. Es läuft alles darauf hinaus, dass nichts, was nicht in einer öffentlichen Blockchain enthalten ist, ohne Risiko gehandhabt werden kann. Man fällt auf herkömmliche Vertrauensstrukturen zurück, sobald man irgendwo im System Agenten (Urheber, Emittent, Marktplatz) und externe Vermögenswerte einbringt. Es ist durchaus akzeptabel, dass Künstler ihre Werke auf einer Drittplattform vermarkten, und Privatpersonen haben das Recht, Objekte zu Demonstrationszwecken zu erwerben. Lassen Sie sich nur nicht von dem Mythos der "vertrauenslosen Revolution" täuschen, der von zwielichtigen NFT-Promotoren verbreitet wird, die auf das schnelle Geld aus sind. Es ist in Ordnung, die Unterstützung von vertrauenswürdigen Dritten in Anspruch zu nehmen; es gibt keinen Grund zu lügen.

Vermögenswerte mit Smart Contracts

Es bestand auch die Illusion, dass nur weil ein intelligenter Vertrag implementiert wurde, die Eigenschaften auf unbestimmte Zeit beibehalten würden. Dabei wird die Tatsache ignoriert, dass andere Organisationen (Websites, mobile Anwendungen) als Gateway für die täglichen Nutzer fungieren, um eine Verbindung zu diesen Anwendungen herzustellen. Wenn diese Server ausfallen, verlieren die Vermögenswerte einen großen Teil ihres Wertes. Es wird die Zeit kommen, in der dezentralisierte Anwendungen in einer massiv skalierbaren, "unaufhaltsamen" Weise implementiert werden können, aber bis dahin leben wir in einer hybriden Umgebung.

Abstrahieren der Kette

Viele Unternehmen verfolgten 2018 und 2019 die Idee, die Blockchain zu "abstrahieren", indem sie eine zentralisierte Wallet mit Benutzernamen und Passwort anboten, um alle Funktionen der NFTs vor den Nutzern zu verbergen. Dies war ein neuartiger Ansatz, da er das gleiche nahtlose Onboarding wie bei zentralisierten Anwendungen ermöglichte. Das Problem war, dass die NFT-Umgebung (digitale Welten, Wallets und Märkte) nicht mehr interoperabel war. Wir haben festgestellt, dass Projekte, die sich in das etablierte NFT-Ökosystem einfügen, auch wenn dies kurzfristig Einbußen bei der Benutzerfreundlichkeit mit sich bringt, für die derzeitige Gruppe der Early Adopters attraktiver sind.

NFTs und Urheberrecht

Das Problem bei der Darstellung von NFTs besteht darin, dass sie mit der Welt des Urheberrechts gleichgesetzt werden, was impliziert, dass die NFT Ihnen eine Art Eigentumsrecht an der visuellen Kunst, für die Sie den Token erworben haben, gewährt. In Wirklichkeit ist das nicht der Fall, denn NFTs gewähren niemandem irgendwelche Rechte an der visuellen Kunst; stattdessen dienen sie als Beweis dafür, dass Sie das virtuelle Originalwerk "besitzen". Auch wenn Sie die Kunst "besitzen", behält der endgültige Urheberrechtsinhaber die Kontrolle über die Zuweisung.

Besitzt man wirklich etwas, wenn man das alles im Kopf hat? Sowohl ja als auch nein. Die NFT ist Ihre Quittung für das virtuelle Kunstwerk, aber sie bietet Ihnen keine zusätzlichen Rechte, insbesondere nicht im Rahmen des Urheberrechts. Nur wenn der Künstler es Ihnen zusammen mit der NFT verkauft, behält er solche Rechte (und in den meisten Fällen wird er das nicht tun). Theoretisch könnten Personen oder Unternehmen eine NFT für Vermögenswerte beanspruchen, die nicht ihre eigenen sind, und so den Künstlern, die das nicht wissen oder sich nicht darum kümmern, finanzielle Vorteile entziehen. Dies könnte zu einer weiteren Verbreitung von Werken aus diesen "beglaubigten" Kopien führen, was für den Künstler nachteilig wäre, einschließlich des oben erwähnten finanziellen Verlusts durch eine verpasste Chance, eine rechtmäßige NFT für seine Werke zu verkaufen. Künstler können Urheberrechtsverletzungen gegen den Verkauf von NFTs (und die mögliche Verbreitung ihrer Werke) geltend machen.

NFTs scheinen den Kryptowährungswahn zu beflügeln, aber man sollte vorsichtig sein und wissen, was NFTs in Bezug auf den Besitz wirklich bedeuten und welche Folgen sie für das Urheberrecht haben. Es mag zwar toll sein, eine "signierte" Kopie eines virtuellen Kunstwerks zu "besitzen", wenn man eine NFT erwirbt, aber die Nachteile sind genau das: Es ist ein Weg, um zu zeigen, dass man letztendlich den echten Artikel erworben hat, aber das war es auch schon.

KAPITEL 16:

Zukünftige Potenziale von NFTs

Die Idee eines digitalen Vermögenswerts, der Eigentum ist und der getauscht und gehandelt werden kann, ist nicht neu. Bei Krypto-Sammelobjekten handelt es sich im Wesentlichen um digitale Vermögenswerte, die so konzipiert sind, dass sie einzigartig sind und es von jedem Token nur ein Exemplar geben kann. Dadurch ist ein Marktplatz für Sammlerstücke entstanden, auf dem Nutzer diese Token kaufen und handeln können.

Die Zukunft von Krypto-Sammelobjekten ist sehr vielversprechend, da immer mehr Nutzer auf den Markt drängen, auch wenn noch einige wichtige Herausforderungen zu bewältigen sind, bevor sie als Mainstream angesehen werden können.

Hier werden wir über das zukünftige Potenzial von NFTs sprechen und darüber, wie sie die Welt verändern werden.

Physische Güter Dienstprogramm

Der Nutzen von materiellen Gütern besteht darin, dass man einen Gegenstand verwenden kann, um einen Wert daraus zu ziehen. Aus diesem Grund haben viele materielle Güter einen Wiederverkaufswert.

Wenn Sie z. B. ein digitales Gut wie Ihr Haus besitzen, können Sie es als Sicherheit für einen Kredit verwenden. Solange der physische Vermögenswert existiert, hat der digitale Vermögenswert einen Wert.

Es ist wichtig anzumerken, dass es derzeit keine digitalen Vermögenswerte gibt, die diesen Nutzen bieten; dies ist jedoch einer der Hauptgründe, warum Krypto-Sammelstücke so viel an Beliebtheit gewonnen haben.

Nicht-fungible Krypto-Sammelstücke sind der Eigentumsnachweis

Krypto-Sammelstücke sind als einzigartige Token konzipiert, was bedeutet, dass sie nicht dupliziert oder gefälscht werden können. Dadurch entsteht ein sehr einzigartiger digitaler Vermögenswert, der als Eigentumsnachweis für bestimmte physische Güter verwendet werden kann. Wenn Sie zum Beispiel ein CryptoKitty besitzen, das Ihrer Hauskatze nachempfunden ist, dann wird es nur ein einziges Exemplar dieses Tokens geben. Sie könnten diesen Token als Eigentumsnachweis für Ihre Hauskatze verwenden; es gibt jedoch keinen Grund, warum Sie ihn nicht als Eigentumsnachweis für andere physische Güter verwenden könnten.

In Zukunft könnte diese Art von Nutzen für Kunst, Gold, Immobilien und viele andere physische Güter verwendet werden. Die Idee, dass man sein Eigentum an einem physischen Gut in der Blockchain speichern kann, ist ein sehr spannendes Konzept.

Betrachten Sie es als eine Art digitales Erbe. Wenn Sie sterben, wird Ihr digitales Vermögen auf die rechtmäßigen Eigentümer übertragen, und es ist auch ein Weg, um zu beweisen, dass Sie der Eigentümer eines Objekts sind.

Schutz von digitalen schriftlichen Inhalten

Das Problem mit schriftlichen Inhalten im Internet ist, dass sie leicht kopiert und weitergegeben werden können. Mit einem NFT wird dies jedoch sehr viel schwieriger.

Wenn Sie ein digitales Asset besitzen, das Ihren schriftlichen Inhalt darstellt, können Sie es als Eigentumsnachweis verwenden. Wenn Sie beispielsweise das digitale Asset eines von Ihnen geschriebenen Blogbeitrags oder Artikels besitzen, können Sie beweisen, dass es Ihnen gehört und nur ein einziges Exemplar davon existiert.

Das gleiche Prinzip gilt für Kunstwerke und Musik. Solange der Token das Eigentum an dem Kunstwerk oder der Musikdatei repräsentiert, wird es immer nur ein Exemplar dieses Tokens geben.

Kunstwerk oder Musik

Damit das Kunstwerk wirklich einzigartig ist, muss der Künstler es speziell für das Kunstwerk selbst entwerfen. Dies bedeutet, dass jeder einzelne Aspekt vom Künstler selbst entworfen werden muss, was bedeutet, dass er die vollständige Kontrolle darüber hat, wie viele Instanzen auf der Blockchain existieren. Sie haben auch die vollständige Kontrolle darüber, wie sie in Zukunft verwendet werden (z. B. durch den Verkauf auf einem Marktplatz). Solange ein Künstler sein Kunstwerk für ein bestimmtes Kunstwerk entworfen hat und jedes Kunstwerk für jedes andere einzigartig ist, wird es immer nur eine Instanz auf der Blockchain geben. Dies bedeutet, dass Sie das Eigentum an dem Kunstwerk nachweisen können, ohne dass die Gefahr besteht, dass jemand es kopiert.

Das gleiche Prinzip gilt für Musik. Wenn ein Künstler ein bestimmtes Musikstück schafft und aufnimmt, kann er auch das Eigentum an diesem bestimmten Musikstück nachweisen. Der Hauptunterschied zwischen Kunst und Musik besteht darin, dass ein Kunstwerk nur dann einzigartig ist, wenn der Künstler es speziell für dieses Kunstwerk entworfen hat. Bei Musik hingegen geht es eher um die Aufnahme eines bestimmten Klangs zu einem bestimmten Zeitpunkt in der Geschichte. Wenn Sie also ein Token besitzen, das Ihre digitalen Inhalte repräsentiert, können Sie es als Eigentumsnachweis für alle physischen Güter verwenden, die einen Wert aus diesen Inhalten ableiten.

Handel mit NFTs

Krypto-Sammelstücke sind nicht nur als einzigartige Token konzipiert, die Eigentum repräsentieren, sondern auch als Sammlerstücke. Das bedeutet, dass die Menschen sie sammeln, weil sie eine große Anzahl von ihnen besitzen und ihre Sammlung ausbauen wollen. Zum Beispiel werden Menschen CryptoKitties kaufen, um ihre Sammlung aufzubauen und den Wert ihrer Sammlung zu erhöhen, indem sie sie mit anderen CryptoKitties züchten oder sie an einer Börse gegen ETH oder andere Kryptowährungen eintauschen.

Aus diesem Grund glauben viele, dass Krypto-Sammelstücke in Zukunft ein Mainstream-Markt sein werden. Da immer mehr Nutzer in den Markt eintreten, wird es eine große Nachfrage nach diesen Token geben, was zu einem Anstieg ihres Wertes führen könnte.

Künftig könnten NFT nicht mehr wegen ihres Nutzwerts gekauft werden, sondern als Sammlerstücke. Dies ist vergleichbar mit der Art und Weise, wie Menschen Sammelkarten oder seltene Münzen sammeln. Bis es so weit ist, müssen jedoch noch viele Herausforderungen bewältigt werden.

Das Problem der digitalen Produktfälschungen angehen

NFTs haben das Potenzial, eine Art digitale Bibliothek zu schaffen. Sie können Ihre Musik, Kunst, Bücher und Sammlerstücke in einer digitalen Bibliothek aufbewahren, wo sie niemand fälschen kann. Solange Sie Eigentümer des digitalen Gutes sind, kann es Ihnen niemand wegnehmen. Dies ist eine der vielen Möglichkeiten, mit denen die NFTs versuchen, das Problem der gefälschten Waren anzugehen.

Nehmen wir an, Sie besitzen ein seltenes Exemplar von Game of Thrones und möchten es an jemanden verkaufen. Mit Hilfe von NFTs können Sie alle Details über Ihr digitales Gut in einer sicheren Blockchain speichern und es an eine andere Person verkaufen.

Darüber hinaus können Sie die Echtheit Ihres digitalen Vermögenswertes überprüfen, indem Sie ihn in einer digitalen Bibliothek speichern, in der andere Personen sehen können, dass Sie der Eigentümer dieses bestimmten digitalen Vermögenswertes sind. Dies ist etwas, das bei physischen Gütern nicht möglich ist.

Das Problem des Dateneigentums angehen

Ein weiterer potenzieller Anwendungsfall für NFTs ist die Lösung des Problems des Dateneigentums. Zurzeit besitzen und speichern viele zentralisierte Unternehmen wie Facebook, Google usw. unsere Daten. Und sie geben uns keinen Zugang zu unseren Daten, selbst wenn wir sie als unsere Dienstanbieter loswerden wollen. Wenn ich z. B. Facebook- oder Google-Dienste nutze, habe ich keine Rechte an den Daten, die diese Unternehmen von mir sammeln und zu ihren Gunsten verwenden (für gezielte Werbung). Sie sammeln also meine persönlichen Daten wie meinen Standortverlauf, meinen Browserverlauf usw. und verkaufen sie ohne meine Zustimmung oder mein Wissen an Dritte (was illegal ist).

Aber NFTs können uns helfen, dieses Problem zu lösen. Wir können unsere digitalen Güter wie eine Website, einen Blog oder andere digitale Güter erstellen und sie auf einer dezentralen Plattform speichern. Dann können wir diese digitalen Vermögenswerte an andere Menschen verkaufen. Sobald die Transaktion abgeschlossen ist, kann Ihnen niemand mehr Ihre Daten wegnehmen. Wenn Sie also Facebook- oder Google-Dienste nutzen, müssen Sie ihnen keinen Zugriff auf Ihre Daten gewähren (und Sie müssen sie auch nicht dafür bezahlen). Stattdessen können Sie deren Dienste nutzen und dafür bezahlt werden, indem Sie Ihre digitalen Daten an sie verkaufen.

Dies ist das Potenzial von NFTs, das wir noch nicht gesehen haben. Da immer mehr Plattformen auf Ethereum aufbauen werden, werden wir in Zukunft mehr Anwendungen von NFTs sehen.

Nachweis des Landbesitzes

Grundbesitz ist heute eines der größten Probleme in der Welt. Man kann leicht herausfinden, ob jemand Land besitzt oder nicht, indem man sich die öffentlichen Aufzeichnungen anschaut, aber es ist nicht einfach zu beweisen, dass man das Land besitzt.

Nehmen wir zum Beispiel an, Sie besitzen ein Grundstück in Kanada und möchten es an eine andere Person verkaufen. Dazu müssen Sie eine Menge Papierkram erledigen und einen sehr langen Prozess durchlaufen. Darüber hinaus müssen Sie für den Verkauf Ihres Grundstücks hohe Steuern zahlen. Und nach all dem gibt es keine Garantie dafür, dass der Käufer Ihnen Ihr Land später nicht wieder wegnimmt. Denn in den meisten Fällen können die Leute ihre Dokumente fälschen und falsche Ausweise ausstellen.

Wie können NFTs also zur Lösung dieses Problems beitragen?

NFTs haben das Potenzial, digitale Identitäten für Landeigentümer zu schaffen, die von jedermann mit Hilfe der Blockchain-Technologie überprüft werden können. Darüber hinaus können wir Informationen über unsere Grundstücke in einem unveränderlichen Hauptbuch speichern, das nicht gefälscht oder manipuliert werden kann. Wenn Sie also versuchen, Ihr Land in Kanada zu verkaufen, kann jeder Kaufinteressent Ihr Eigentum an diesem bestimmten Stück Land überprüfen, indem er einfach die öffentlichen Aufzeichnungen durchsucht.

Darüber hinaus können Sie auch nachweisen, dass Sie Eigentümer eines Grundstücks sind, indem Sie dem Kaufinteressenten Ihre digitale Identität zeigen. Das ist viel einfacher, als Ihre physischen Dokumente vorzulegen und zu beweisen, dass Sie Eigentümer eines Grundstücks sind.

Da immer mehr Plattformen auf Ethereum aufbauen werden, werden wir in Zukunft mehr Anwendungen von NFTs sehen.

KAPITEL 17:

Die dunkle Seite von NFT

Bisher haben wir in diesem Buch über all die erstaunlichen Vorteile von NFTs gesprochen, aber es gibt nichts, was man als perfekt bezeichnen könnte. Alle Dinge haben ihre Schwachstellen. Es gäbe schließlich keine Vorteile, wenn es nicht auch Nachteile gäbe. Und so ist es nun an der Zeit, über die Schattenseiten der NFT zu sprechen.

Einige der Nachteile von NFTs sind auf ihre derzeitigen strukturellen Komponenten zurückzuführen, wie z.B. die Auswirkungen auf die Umwelt durch die schiere Rechenleistung, die zur Herstellung von NFTs benötigt wird. Andere Nachteile sind eher persönlicher Natur, wie z. B. die Veränderungen, die sich für den Einzelnen in finanzieller Hinsicht ergeben könnten. Im Folgenden werden wir die Schattenseiten von NFTs in aller Ausführlichkeit beleuchten.

NFT und Kohlenstoffemissionen

Während der NFT-Wahn neue Höhen erreicht, sind sich viele nicht bewusst, dass diese virtuelle Form des Handels reale Auswirkungen auf die Umwelt hat. Der Grund dafür ist die Art und Weise, wie NFTs verarbeitet werden. Jede NFT, die von der Blockchain verarbeitet wird, verbraucht die Rechenleistung und den Strom mehrerer Computer auf einmal. Dies führt nicht nur zu einer hohen Stromrechnung für diejenigen, die diese Daten verarbeiten, sondern auch zu einem großen CO2-Fußabdruck, der durch den Verbrauch all dieser Energie entsteht. Und wie Sie vielleicht schon erraten haben, haben viele dies als verschwenderische und schädliche Praxis kritisiert.

Ironischerweise ist sogar ein ziemlich lautstarker Umweltaktivist und Künstler wie Joanie Lemercier in dieses Drama verwickelt worden. Lemercier war dafür bekannt, die Nutzung fossiler Brennstoffe zu kritisieren und andere aufzufordern, ihren Kohlenstoff-Fußabdruck zu reduzieren. Nachdem er jedoch einige NFT-Token-Kunstwerke auf der Blockchain platziert hatte, dauerte es nicht lange, bis andere "Heuchler" schrien. Seine Kunst erwies sich als beliebt, und innerhalb weniger Sekunden machte er Tausende von Dollar mit verschiedenen NFTs - das einzige Problem ist, dass die Verarbeitung dieser NFTs etwa 8,7 Megawattstunden Energie verbrauchte.

Zum Vergleich: Das ist ungefähr so viel Energie, wie der durchschnittliche amerikanische Haushalt in einem Jahr verbraucht - und das in nur wenigen Sekunden! Unnötig zu sagen, dass solche Dinge für jemanden, der sich verpflichtet hat, seinen Teil zur Reduzierung der Kohlenstoffemissionen beizutragen, nichts Gutes verheißen. Der Hauptfehler in NFTs Kohlenstoffsternen ist, dass die Ethereum-Blockchain, genau wie die Bitcoin-Blockchain, auf Data Mining beruht, um Datenblöcke auf der verknüpften Kette von Transaktionen, die im Netzwerk weitergegeben werden, zu verifizieren.

Um eine in den Block eingebrachte NFT zu überprüfen, müssen mehrere "Proof of Work"-Prozesse durchgeführt werden, die eine Menge Rechenleistung zur Lösung von Gleichungen benötigen. Es wird also eine Menge Strom verbraucht, um zu "beweisen", dass eine NFT das ist, was sie vorgibt zu sein: ein originelles und einzigartiges Datenstück (Musik/Kunst/Spiel oder was auch immer diese Daten bedeuten). Einige in der Kunstwelt haben sich so sehr an dieser Tatsache gestört, dass sie alles in ihrer Macht Stehende getan haben, um ein Gegengewicht zu schaffen.

Eines der Ergebnisse dieser Bemühungen ist die so genannte "Green NFTs"-Initiative des Künstlers Jason Bailey. Bailey setzt sich dafür ein, einen Weg zu finden, die Produktion von NFTs umweltfreundlicher zu gestalten, indem er ein so genanntes "Bounty-System" einführt, das einen Anreiz für diejenigen bietet, die die durch NFTs verursachten Kohlenstoffemissionen verringern wollen.

Sogar die NFT-Pioniere und CryptoPunk-Schöpfer Matt Hall und John Watkinson haben sich an diesem Projekt beteiligt und sich bereit erklärt, in einer "Jury" mitzuwirken, die die Bemühungen der Teilnehmer um eine Verringerung ihres CO_2-Fußabdrucks bewerten wird. Bislang befindet sich das Projekt jedoch erst in der Anfangsphase, um das Bewusstsein für das Problem zu schärfen. Trotz der vorgeschlagenen massiven Umstellung von Elektro- auf Solar- und Wasserkraft ist in Wirklichkeit noch keine unmittelbare und sinnvolle Lösung für dieses Dilemma in Sicht.

Könnte der Kapitalismus im Stil der NFT die Freude am Spielen nehmen?

Angesichts der explosionsartigen Verbreitung von Online-Spielen wird Ihnen jeder Gamer bestätigen, dass das Beste daran die Tatsache ist, dass Sie praktisch unbegrenzte Online-Welten erkunden können, in denen jeder alles tun oder erwerben kann. In diesen Spielen finden die Spieler alle möglichen Gegenstände, um ihre Erfahrungen zu verbessern. In einem Schwert- und Zauberspiel zum Beispiel wird ein Spieler unweigerlich Rüstungen, Schwerter, Schilde, magische Gegenstände und Ähnliches erwerben.

Man braucht Geschick und Verstand, um die nötige Erfahrung zu sammeln und seinen Charakter richtig auszustatten. Aber halt - was ist, wenn man in Zukunft nur noch Geld braucht? Ja, stellen Sie sich das nur vor. Die besten Spieler werden nicht durch ihr Können, sondern durch den allmächtigen Dollar - äh, ähm, die Kryptowährung - definiert. Anstatt gegen Hexenmeister zu kämpfen, um einen Drachenzahn zu erhalten, mit dem Sie Ihre Feinde erschlagen können, was wäre, wenn Sie diesen - oder jeden anderen wichtigen Gegenstand - einfach mit Kryptowährung kaufen könnten?

Mit NFTs, die es den Leuten ermöglichen, mit echtem Geld Gegenstände in virtuellen Spielen zu kaufen, wird dies immer wahrscheinlicher. Und wenn dies der Fall ist, könnten ganze Bereiche des Spiels für diejenigen nicht mehr zugänglich sein, die einfach nicht das Geld haben, um Charaktere auszustatten oder sogar Zugang zu bestimmten Teilen des Spiels zu erhalten. Wenn dies zur Norm wird, könnte es sein, dass das Wichtigste, was ein Spieler braucht, um zu gewinnen, nicht Geschicklichkeit und Spielerfahrung sind, sondern einfach nur cooler, harter Kapitalismus.

Die Kapitalertragssteuer - der Fluch des Möchtegern-NFT-Anlegers?

Die Grundsätze des Kapitalismus könnten eine virtuelle Landnahme im Bereich der Online-Spiele bewirken. Wenn wir schon beim Thema sind, wird auch der gute alte Uncle Sam in Form der "Kapitalertragssteuer" auf den Plan treten. Denn der Standpunkt des Finanzamtes in dieser Angelegenheit ist ziemlich klar. Die IRS hat offiziell erklärt: "Wenn Sie virtuelle Währungen, die Sie als Kapitalvermögen halten, gegen andere Güter eintauschen, einschließlich Waren oder eine andere virtuelle Währung, werden Sie einen Kapitalgewinn oder -verlust verbuchen."

Das heißt, wenn diese potenziellen NFT-Investoren ihre Investition nicht melden, könnten sie großen Ärger mit dem Finanzamt bekommen. Es bedeutet auch, dass Kryptowährungen, obwohl sie das Wort "Währung" enthalten, von der IRS nicht als solche anerkannt werden. Das Finanzamt betrachtet sie als einen Vermögenswert, in den investiert wird. Und da Kryptowährungen wie Bitcoin und Ether ein Talent dafür haben, schnell im Wert zu steigen, könnten Bitcoin oder Ether, die im Jahr 2021 Hunderte von Dollar wert waren, im Jahr 2022 sehr wohl näher an Tausend Dollar liegen.

Für den Besitzer dieser "Kapitalanlage" könnte dies also bei der Besteuerung ein ziemlicher Schock sein. Und da NFTs in die Kategorie der Sammlerstücke fallen, sind sie mit einem Steuersatz von 28 % auf Kapitalerträge noch stärker belastet. Beeple, der Künstler, der beispielsweise rund 69 Millionen Dollar verkauft hat, wird voraussichtlich Steuern in zweistelliger Millionenhöhe für den Verkauf zahlen müssen. Als Beeple von dieser Tatsache erfuhr, reagierte er so, wie es vielleicht viele potenzielle NFT-Investoren tun würden. Beeple wird mit den Worten zitiert: "Heiliger Strohsack, das sind eine Menge Steuern!"

KAPITEL 18:

NFT-Fehler, die Sie vermeiden sollten

Bevor Sie sich kopfüber in die Welt der NFTs stürzen, sollten Sie unbedingt einige häufige Fehler vermeiden. Obwohl die Schaffung und der Verkauf von NFTs noch nicht allzu lange im Gange sind, fällt auf, dass einige Leute immer wieder die gleichen Fehler machen.

All diese Fehler können sich katastrophal auf Ihren Erfolg in der NFT-Welt auswirken. Wahrscheinlich werden Sie weitere kleine Fehler machen, wenn Sie gerade erst anfangen, und das ist in Ordnung. Solange Sie aus diesen Fehlern lernen, ist das in Ordnung. Was Sie tun müssen, ist, diese sehr großen Fehler zu vermeiden, die den Unterschied zwischen Erfolg und Misserfolg ausmachen können.

Zu kurzfristiges Denken

Ja, einige NFTs wurden im letzten Jahr für Millionen verkauft. Aber das bedeutet nicht, dass Sie NFTs schaffen oder in sie investieren können und auf Anhieb einen beträchtlichen Geldbetrag verdienen. Wenn Sie versuchen, mit NFTs zu schnell zu viel Geld zu machen, ist es sehr wahrscheinlich, dass Sie scheitern und die ganze Idee aufgeben werden.

Es besteht kein Zweifel daran, dass die Reise mit NFT eine aufregende sein kann. Das bedeutet jedoch nicht, dass Sie nächste Woche um diese Zeit Millionär sein werden. Wenn Sie NFTs mit der Einstellung angehen, "schnell reich zu werden", werden Sie höchstwahrscheinlich scheitern.

Der beste Weg, mit NFTs erfolgreich zu sein, besteht darin, einen Mehrwert zu bieten. Sie müssen auch ein gewisses Maß an Geduld mitbringen, da Sie Ihre NFTs vielleicht nicht sofort verkaufen können. Seien Sie konsequent in Ihren Marketingbemühungen und nehmen Sie sich die Zeit, Kooperationen und Partnerschaften einzugehen, die Ihnen in der Zukunft gute Dienste leisten werden. Wenn Sie es mit dem NFT-Geschäft ernst meinen, sollten Sie sich langfristig engagieren.

Nicht genug Werbung für Ihre NFTs

Es reicht nicht aus, NFTs zu erstellen, sie auf OpenSea einzustellen und dann zu erwarten, dass das Geld fließt. Es gibt bereits Millionen von NFTs, die auf OpenSea gelistet sind, und die meisten von ihnen haben Mühe, Käufer zu finden.

Vergessen Sie das Konzept "Baue es und sie werden kommen". Das wird nicht passieren. Sie müssen einen Marketingplan erstellen und sich dann daran halten. Ermitteln Sie, wer Ihre Zielgruppe ist, und finden Sie heraus, wo sie sich aufhält.

Nutzen Sie soziale Plattformen, um Ihre NFT-Promotions voranzutreiben. Nutzen Sie auch Discord-Foren, Clubhouse und Reddit zu Ihrem Vorteil. Tun Sie, was immer Sie können, um Ihre NFTs und die Talente, die Sie haben, bekannt zu machen.

Einige Leute haben vielleicht Glück mit ihren NFTs. Sie können sie auf OpenSea auflisten und sie schnell verkaufen, so dass die Leute nach mehr betteln. Solche Fälle sind jedoch sehr selten. Sie können sich nicht auf diese Art von Glück verlassen, also stellen Sie sicher, dass Sie einen Werbeplan haben und diesen auch einhalten.

Die Wahl des falschen Marktplatzes für Ihre NFTs

Dies ist ein weiterer klassischer Fehler, den wir immer wieder sehen. Die Ersteller von NFTs machen sich nicht die Mühe, die notwendigen Nachforschungen anzustellen, und entscheiden sich einfach für OpenSea, weil es die größte Plattform ist. Ja, OpenSea hat eine Menge Besucher (fast 40 Millionen pro Monat, Tendenz steigend), aber das bedeutet nicht, dass es die beste Plattform für Ihre NFTs ist.

Es gibt mehrere Dinge, die Sie über einen NFT-Marktplatz herausfinden müssen, bevor Sie ihn nutzen. Das Wichtigste ist zu wissen, ob Ihre Zielgruppe den Marktplatz nutzt oder nicht. Sie müssen auch überlegen, ob die NFTs, die Sie erstellen wollen, gut zum Ethos des Marktplatzes passen.

Da ständig neue NFT-Marktplätze entstehen, müssen Sie sich vergewissern, ob der Marktplatz, den Sie nutzen möchten, sicher ist. Die Größe der Gemeinschaft auf dem Marktplatz ist wichtig, aber noch wichtiger ist, ob die Gemeinschaft ansprechbar und hilfreich ist.

Leider gibt es bereits betrügerische NFT-Websites. Diese Leute sammeln nur Gebühren von Ihnen, um zum Beispiel Ethereum zu bezahlen, und Sie werden nie etwas verkaufen. Um diese betrügerischen NFT-Websites zu vermeiden, verwenden Sie die Dapp-Radar-Website, um die Legitimität zu überprüfen.

NFTs kostengünstig durchführen

Je mehr Sie in Ihr NFT-Projekt investieren können, desto besser. Viele Menschen machen den Fehler zu denken, dass die Welt der NFTs kostenlos ist und sie alles billig machen können. Es gibt zwar Plattformen, die keine Gebühren für Angebote erheben, aber die meisten der besten Plattformen tun dies, so dass Sie dies in Ihrem NFT-Budget berücksichtigen müssen.

Wir haben Ihnen in diesem Buch bereits mehrfach gesagt, dass das Ethereum-Blockchain-Netzwerk bei weitem das beliebteste für NFTs ist. Wenn Sie das Ethereum-Netzwerk nutzen möchten, müssen Sie Gasgebühren bezahlen.

Sie müssen auch etwas Geld in Ihr NFT-Marketing stecken. Wenn Sie keine große Fangemeinde in den sozialen Medien haben, müssen Sie Anzeigen in den sozialen Medien schalten, um Ihre NFTs zu präsentieren. Dies ist eine recht kostengünstige Möglichkeit, um schnell Ergebnisse zu erzielen.

Zwar können die Gas- und Eintragungsgebühren sinken, wenn NFTs noch populärer werden, doch kann dies nicht garantiert werden, und Sie können sich nicht darauf verlassen. Sollten die Gebühren tatsächlich sinken, verwenden Sie das eingesparte Geld für mehr Marketing. Sie müssen Ihre NFT-Reise ernst nehmen und bereit sein, in sie zu investieren, um maximale Erfolgschancen zu haben.

KAPITEL 19:

Sport und Esport in NFTs

Es gibt einen Bereich, in dem sich die Nerd-Kultur und die Sportlerkultur überschneiden: das Sammeln.

Vor einigen Jahrzehnten gab es in japanischen Spielhallen ein sehr interessantes und innovatives Videospiel namens Sega Card Gen '10. Die Idee war folgende: Es handelte sich um ein Baseball-Videospiel, bei dem man Baseball-Karten in den Automaten steckte, so wie man einen Dollarschein in einen Automaten stecken würde, und diese Karten bildeten dann die eigene Aufstellung. Man kaufte die Karten wie alle anderen Karten in jedem Sammlergeschäft. Auf der Grundlage der Aufzeichnungen der Baseballspieler schätzte das Videospiel die Leistung der Spieler im Spiel selbst ein. Wenn man also mehr gute Spieler mit besseren Statistiken hatte, konnte man im Videospiel gewinnen. Dieses Genre ist in Asien nach wie vor beliebt, wobei Sangokushi Taisen vielleicht die erfolgreichste aktuelle Form ist.

Das Potenzial der Karten setzt sich fort, ohne dass das eigentliche physische Objekt erforderlich ist. Man könnte z. B. NFT-Sammelkarten mit einem sehr wertvollen Videospielobjekt wie der MLB-Serie kombinieren, und diese Sammlerstücke würden es ermöglichen, ein stärkeres Team im Videospiel zu haben. Das Spiel selbst würde einen Anreiz für den Handel mit Spielerkarten bieten. Und für Leute, die sich nicht für Videospiele interessieren, erhöht sich der Wert trotzdem, denn solange es Leute gibt, die Videospiele spielen, sind sie auch bereit, für diese Art von Dingen zu bezahlen.

Die Ursprünge des NFT

NFTs sind auf seltsame Weise aus der Welt der Videospiele entstanden. Videospiele sind zu unglaublich großen, teuren und technisch beeindruckenden Unternehmungen geworden. Vor ein paar Jahren haben Videospiele Hollywood in Sachen Geld in den Schatten gestellt (Witkowski, 2020). Das Problem bei Videospielen ist, dass sie ein unglaublich riskantes Geschäft sind. Man kann Hunderte von Millionen dafür ausgeben, und die Sache kann in einer enorm großen und wettbewerbsintensiven Arena völlig scheitern. In diese Spiele stecken jahrelange Arbeitsstunden von Menschen, die für ihre professionelle technische Arbeit gut bezahlt werden.

Ein Problem bei Videospielen besteht darin, dass man sie verkauft und sie dann fertig sind. Man wendet Zeit und Ressourcen auf, um etwas zu entwickeln, dann kaufen es mehrere Leute, und dann ist das Projekt vorbei und man muss mit etwas Neuem beginnen und die gleichen Risiken noch einmal eingehen.

Die Produktionsstudios für Videospiele haben nach und nach Wege gefunden, um Spiele langfristig rentabel zu machen. Einer der Pioniere dieser Art des Wirtschaftens war ein Spiel, das auch heute noch gespielt wird, obwohl es schon Jahre alt ist. Es heißt Team Fortress 2. Dieses Spiel verdient sein Geld, indem es den Spielern Dinge verkauft, die es in der physischen Welt nicht gibt. Im Grunde genommen werden NFTs für das Spiel verkauft. Im Spiel spielen Sie vielleicht eine Figur, die einen Raketenwerfer abschießt. Wenn Sie jedoch dem Studio, das das Spiel produziert, den geringen Preis von zwei Dollar zahlen, können Sie eine andere Art von Waffe für Ihre Spielfigur erhalten.

Das Studio, dem TF2 gehört, Valve, hat die Macht, jeder einzelnen Person ein Exemplar jeder Waffe oder jedes Kostüms für jeden Charakter, den sie will, zu jeder Zeit zu geben. Da sie die absolute Kontrolle über das Spiel und seine Inhalte haben, können sie auch für Verknappung sorgen. Diese Idee hat sich sogar noch weiter entwickelt, da Gegenstände in dieser Art von Spielen mit einer sehr genauen Seltenheit versehen sind. Einige sind extrem schwer zu finden, und andere können nur in sehr kleinen Zeitfenstern erworben werden, was eine natürliche Begrenzung der Menge und des Umlaufs zur Folge hat. Diese fiktiven Gegenstände können auf einem Marktplatz gehandelt und verkauft werden, der sich ebenfalls im Besitz des Unternehmens befindet, das an jeder Transaktion beteiligt ist.

Einige dieser Gegenstände können kosmetischer Natur sein, sie können sich in irgendeiner Weise auf das Spielerlebnis auswirken, und einige dienen nur dazu, die Ästhetik zu verändern und das Spiel hübscher aussehen zu lassen. Die Leute zahlen dafür sehr viel Geld, und zwar sehr viel. Auf diese Weise kann ein Spiel noch jahrelang nach der Erstveröffentlichung profitabel bleiben, da neue Fantasiegegenstände auf den Markt gebracht werden und dieselben Mitarbeiter mit derselben Erfahrung an diesem Projekt weiterarbeiten können, ohne dass sie zu etwas völlig Neuem abkommandiert werden.

So gesehen gibt es die NFTs in der einen oder anderen Form bereits, und sie bringen vielen Menschen viel Geld ein.

Wiedergeburt von Sportsammelobjekten

Diese neue Form der digitalen Assets hat eine enorme neue Begeisterung für Sportsammler geweckt.

Genauso wie die Menschen es lieben, ein signiertes Exemplar von etwas zu haben, ist dies eine Möglichkeit, digitale Signaturen zu erstellen. Payton Manning kann seine Sammlung von Super Bowl-Ringen nehmen, ein digitalisiertes 3D-Modell von ihnen allen erstellen, indem er einen 3D-Scanner in ihre Nähe hält, und diese 3D-Modelle dann verkaufen. Vielleicht hat jemand schon daran gedacht und ähnliche Verkäufe gestartet, bevor dieses Buch überhaupt veröffentlicht wurde.

NBA Top Shot hat in den letzten zwei Jahren mit dem Verkauf von NFTs 230 Millionen Dollar umgesetzt. Ein kurzes Video von LeBron James, der auf Nemanja Bjelica dunkt, wurde für 208.000 Dollar verkauft. Die Leute zahlen verrückte Summen für diese Dinge.

Wir erleben das Comeback der Sportkarten. Sie können genauso wie Kunstdrucke in begrenzter Stückzahl hergestellt werden. Vielleicht finden Sie einen Kunstdruck mit einem kleinen Vermerk, dass es sich um die siebte Auflage von 200 handelt. Das bedeutet, dass es nur 200 Exemplare dieses speziellen Drucks gibt und dass es sich um ein seltenes Exemplar handelt. Sie können eine begrenzte Anzahl von Mickey Mantle Digitalkarten produzieren, von denen es vielleicht nur ein paar hundert gibt. Und diese Art von Wertgegenstand könnte leicht mit anderen gehandelt werden, so wie Kinder und Erwachsene vor nicht allzu langer Zeit Baseballkarten getauscht haben. Und der Internetmarkt ist ganz anders, denn jede einzelne Karte ist immer in neuwertigem Zustand.

Diese Vermögenswerte können auch auf interessante Weise mit intelligenten Verträgen gebündelt werden. Eine einzigartige Wayne-Gretzky-Karte könnte den Besitzer zum Beispiel zu einem Rabatt auf alle Wayne-Gretzky-Artikel berechtigen, die im Online-Shop der NHL verkauft werden. Eine Karte könnte den Besitzer zu tollen Sitzplätzen bei einem Spiel berechtigen. Durch diese Funktionen wird der Wert der Karte weit über den reinen Sammlerwert hinaus gesteigert. NFTs könnten in Fantasy-Sport-Ligen integriert werden, um Spieler durch Tauschkarten zu handeln. Es fügt eine echte Funktion hinzu.

Im Moment ist der wichtigste Wert eines NFT die Nicht-Fungibilität, aber auch die reale Person, die es geschaffen hat. Ein unbekannter Künstler, der ein NFT entwickelt und es verkauft, kann nicht erwarten, dass es viel wert ist. Jeff, der Zahnhygieniker aus Cincinnati, Ohio, wird kein sehr profitables NFT haben, nur weil sein Name darauf steht. Eine immens erfolgreiche und berühmte Person, wie ein Politiker, Künstler oder Sportler, der eine NFT macht, verleiht ihr einen enormen Wert. Wie wir schon sagten, sind NFTs digitale Unterschriften, und die Unterschrift ist das, was zählt.

Dies wird für viele Prominente sehr profitabel sein, insbesondere für Prominente in einem Bereich, in dem sich eine starke Kultur des Sammelns von Memorabilien entwickelt hat. Das bedeutet, dass es vor allem für Sport- und Geek-Kultur-bezogene Objekte klug ist, das zu tun, was sie gerade tun.

Videospiel-Assets

Videospielinhalte werden seit Jahren zu Waren gemacht. Besonders auffällig ist dies auf dem Markt für mobile Spiele. In diesen Umgebungen können die Spieler oft gefälschtes Spielgeld verwenden, das als Vermögenswerte im Spiel erworben werden kann. Diese Spielwährung kann durch das Spielen des Spiels verdient werden, aber auch durch den Einsatz von echtem Geld. Und das tun die Leute ständig. Handyspiele sind billig in der Herstellung und für Gelegenheitsspieler leicht zu übernehmen, und sie sind äußerst lukrativ.

Eine Art von Asset, die in Spielen sehr beliebt ist, ist der "Skin". Ein Skin ist im Wesentlichen eine andere Art, Ihren Avatar zu verkleiden. Ein Avatar ist eine Figur, die Sie im Spiel steuern. Wenn Sie Super Mario Bros. spielen, ist Mario Ihr Avatar. Bei vielen dieser Spiele sehen Sie durch die Augen des Avatars; Sie erleben das Spiel in der ersten Person. Das bedeutet, dass Sie nicht einmal Ihre Haut sehen. Nur andere Spieler sehen Ihre Haut, während Sie das Spiel spielen. Sie kommen nicht einmal in den Genuss der Ästhetik, die Sie sich verdient oder für die Sie bezahlt haben.

Denken Sie einen Moment über die Auswirkungen nach. Menschen zahlen echtes Geld, um ihr Aussehen für andere zu verändern. Sie haben kaum Freude daran. Einige dieser Skins sind besonders teuer oder selten, oder man kann sie nur durch eine besondere Leistung wie den Gewinn eines Turniers erwerben. Diese Skins werden als das gleiche angesehen wie das Tragen von Gucci oder als ein Zeichen von Können. Sie signalisieren, dass man in diesem Spiel sehr gut ist und es gut beherrscht. Man kann sie sich vorstellen wie die Medaillen auf der Brust eines militärischen Anführers oder die Verdienstabzeichen auf der Schärpe eines Pfadfinders. Allein die Ehre, diese Dinge anderen gegenüber zum Ausdruck bringen zu können, ist unglaublich wertvoll.

In Belgien und den Niederlanden sind einige dieser Systeme mit virtuellen Gegenständen verboten oder stark reglementiert worden. Dies gilt insbesondere für das Konzept der Schlüssel und Beutekisten. Dabei handelt es sich um eine Art des Verkaufs digitaler Güter durch einen psychologischen Trick. In Spielen werden den Spielern gelegentlich Beutekisten angeboten. Sie versprechen, dass sich in der Kiste eine Art Vermögenswert für das Spiel befindet, den der Spieler haben möchte. Der Spieler kann die Kisten nur mit einem Schlüssel öffnen. Die einzige Möglichkeit, einen Schlüssel zu bekommen, ist, ihn mit echtem Geld zu kaufen. Denken Sie daran, dass es sich um ein digitales Gut handelt. Es gibt keine echte Kiste. Es gibt auch keinen echten Schlüssel. Im Inneren der Kiste befindet sich kein Vermögenswert. In ihr ist nichts enthalten. Sie hat kein Inneres. Sie ist ein digitales Abbild einer Kiste. Es handelt sich nicht um eine echte Kiste.

Indem Sie den Schlüssel kaufen und ihn in der Kiste verwenden, haben Sie lediglich einen Zufallsgenerator veranlasst, einen zufälligen Wert für Sie auszuwählen. Da diese Vermögenswerte handelbar und wertvoll sind und durch ein Zufallszahlengenerator-System mit echtem Geld vergeben werden, haben einige Regierungen dies als eine Form des Glücksspiels interpretiert. Diese Spiele sind vor allem bei Kindern sehr beliebt. Da man in den meisten Ländern volljährig sein muss, um Glücksspiele zu spielen, führt dies zu einer rechtlichen Komplikation, die noch nicht geklärt ist. Außerdem ist es moralisch fragwürdig, weil es keine Regulierung gibt, wie sie für ein gewöhnliches Kasino gilt, und weil es keine Möglichkeit gibt, die Gewinnchancen auf normale Weise zu berechnen. Man kann die Gewinnchancen bei Poker- oder Würfelspielen berechnen. Aber die Berechnungen im Hintergrund, die diese Maschine zur Erzeugung von Vermögenswerten hervorbringt, sind völlig unsichtbar, und wir sind vollkommen auf den guten Willen des Spielstudios angewiesen.

Die "Beute" in diesen Kisten sind im Wesentlichen NFTs. Eine Kiste ist eine NFT, die eine andere NFT erzeugt, wenn sie mit einer Schlüssel-NFT kombiniert wird. Wenn sich die Dinge für Sie langsam seltsam anhören, ist das eine gute Beobachtung. Es wird noch merkwürdiger werden.

KAPITEL 20:

NFT-Aktien

Bitcoin und andere Kryptowährungen sind wie echtes Geld fungibel, d. h. sie können gehandelt oder gegeneinander getauscht werden. Zum Beispiel ist der Wert eines Bitcoins immer derselbe wie der eines anderen Bitcoins. Ebenso ist eine Einheit Ether immer gleichwertig mit einer anderen Einheit Ether. Aufgrund ihrer Fungibilität eignen sich Kryptowährungen sehr gut als sicheres Tauschmittel in der digitalen Wirtschaft, wo sie eine breite Akzeptanz gefunden haben.

Stattdessen handelt es sich um digitale Repräsentationen von Vermögenswerten, die mit digitalen Reisepässen verglichen wurden, weil jeder Token eine einzigartige, nicht übertragbare Identität enthält, die es ermöglicht, ihn von den anderen im Umlauf befindlichen Token zu unterscheiden. Sie sind außerdem erweiterbar, was bedeutet, dass man zwei NFTs miteinander kombinieren kann, um ein drittes, einzigartiges NFT zu schaffen, indem man sie zusammen züchtet.

NFTs enthalten wie Bitcoin Eigentumsinformationen, mit denen Token-Inhaber leicht identifiziert und untereinander übertragen werden können. Darüber hinaus ermöglichen es NFTs den Eigentümern von Vermögenswerten, Informationen oder Merkmale in Bezug auf den Gegenstand anzugeben. Im Falle von Kaffeebohnen können Token, die die Bohnen repräsentieren, beispielsweise als fairer Handel eingestuft werden. Oder Künstler können ihre digitalen Kunstwerke signieren, indem sie ihre Unterschrift in die dazugehörigen Informationen einfügen.

NFTs wurden als Ergebnis des ERC-721-Standards entwickelt. ERC-721 ist ein Smart-Contract-Standard, der von einigen der gleichen Personen entwickelt wurde, die auch für den ERC-20 Smart-Contract-Standard verantwortlich waren. Er definiert die Mindestschnittstelle - einschließlich Eigentumsangaben, Sicherheit und Metadaten -, die für den Austausch und die Verteilung von Glücksspiel-Tokens erforderlich ist. Der ERC-1155-Standard geht noch einen Schritt weiter und senkt die Transaktions- und Speicherkosten, die mit nicht-fungiblen Token verbunden sind, während gleichzeitig mehrere Arten von nicht-fungiblen Token in einem einzigen Vertrag zusammengefasst werden.

Cryptokitties, die vielleicht bekannteste Verwendung von NFTs, ist ein gutes Beispiel. Cryptokitties, die im November 2017 eingeführt wurden und eindeutige Identifikationsnummern auf der Ethereum-Blockchain haben, sind digitale Darstellungen von Katzen. Jede Katze ist ein Unikat und hat einen entsprechenden Ether-Wert. Sie vermehren sich untereinander und bringen neue Nachkommen hervor, die im Vergleich zu ihren Eltern jeweils einzigartige Eigenschaften und Werte haben. Nach ihrem Debüt gewannen Cryptokitties schnell eine große Fangemeinde, die in nur wenigen Wochen mehr als 20 Millionen Dollar in Ether ausgab, um sie zu kaufen, zu füttern und anderweitig zu versorgen. Einige Fans gingen sogar so weit, mehr als 100.000 Dollar für das Projekt auszugeben.

Während der Fall Cryptokitties unbedeutend erscheinen mag, haben die nachfolgenden Fälle weitreichende wirtschaftliche Auswirkungen. So wurden beispielsweise nichtfinanzielle Transaktionen (NFTs) sowohl bei Private-Equity- als auch bei Immobilientransaktionen eingesetzt. Die Einbeziehung mehrerer Arten von Token in einen einzigen Vertrag hat also viele Auswirkungen, darunter die Möglichkeit, in einer einzigen Finanztransaktion als Treuhänder für verschiedene Formen von NFTs zu dienen, die von Kunstwerken bis zu Immobilien reichen.

Die drei wichtigsten Aktien im Bereich der Nicht-Finanztransaktionen

Hier finden Sie eine Liste der drei besten NFT-Aktien, in die Sie investieren können:

Mattel, Inc.

Die 1945 gegründete Mattel Inc. mit Hauptsitz in Kalifornien konzentriert sich auf Spielzeuge und andere Konsumgüter. Die Marktkapitalisierung des Unternehmens beträgt derzeit 7,6 Milliarden Dollar. Der Nachrichtenagentur Reuters zufolge berichtete die New York Times am 17. Juni, dass das Unternehmen in Kürze einen begrenzten Verkauf von NFTs starten wird. Darüber hinaus wird eine Auktion von drei digitalen Kunstwerken stattfinden, die NFTs auf Basis der Blockchain verwenden.

Funko, Inc.

Funko, Inc. wurde 2017 gegründet und ist ein in Washington ansässiges Unternehmen, das Konsumgüter der Popkultur herstellt und vertreibt. Es hat eine Marktkapitalisierung von 741 Millionen Dollar und beschäftigt rund 2.000 Mitarbeiter. Nach Angaben des Finanzberaters Bank of America wurde das Kursziel für die Funko-Aktie von 12 auf 30 US-Dollar angehoben, da man der Meinung ist, dass sich das Kerngeschäft des Unternehmens gut entwickelt.

PLBY-Gruppe

Die PLBY Group, Inc. wurde 1953 gegründet und hat ihren Sitz in Kalifornien. Sie ist ein Unternehmen für Vergnügungs- und Freizeitdienstleistungen mit einer Marktkapitalisierung von 1 Milliarde Dollar. Das Unternehmen wurde 1953 gegründet und ist von Kalifornien aus tätig. Darüber hinaus gab Playboy (eine Lifestyle-Marke im Besitz des Unternehmens) am 9. Juli bekannt, dass es mit der Miami Beach Art Collection zusammenarbeiten wird, um NFT Art in der Miami Beach Art Collection auszustellen. Unmittelbar nach dieser Nachricht stieg der Aktienkurs um 2 Prozent.

Warum sind nicht-fungible Token wichtig?

Im Vergleich zu der relativ grundlegenden Idee der Kryptowährungen stellen nicht-fungible Token einen bedeutenden Fortschritt dar. Moderne Finanzsysteme bestehen aus komplexen Handels- und Finanzierungssystemen für eine breite Palette von Vermögenswerten, die von Immobilien über Kreditverträge bis hin zu Kunstwerken reichen. NFTs ermöglichen die Schaffung digitaler Repräsentationen von physischen Vermögenswerten und stellen damit einen bedeutenden Fortschritt bei der Neuerfindung dieser Infrastruktur dar.

Das Konzept der digitalen Darstellung realer Vermögenswerte und die Verwendung einer eindeutigen Identifizierung sind zwar nicht neu. Wenn diese Ideen jedoch mit den Vorteilen einer fälschungssicheren Blockchain mit intelligenten Verträgen kombiniert werden, werden sie zu einer starken Kraft für positive Veränderungen.

Die Effizienz des Marktes ist vielleicht der offensichtlichste Vorteil von NFTs. Ein physischer Gegenstand, der in einen digitalen Vermögenswert umgewandelt wird, vereinfacht die Verfahren und eliminiert die Notwendigkeit von Zwischenhändlern. Die Verwendung von nicht-fungiblen Token (NFTs) zur Darstellung digitaler oder physischer Kunstwerke auf einer Blockchain macht den Einsatz von Vermittlern überflüssig und ermöglicht es Künstlern, direkt mit ihrem Publikum zu kommunizieren. Sie können auch dazu beitragen, die Effizienz von Unternehmensabläufen zu verbessern. Beispielsweise wird es für verschiedene Akteure in der Lieferkette einfacher sein, mit einer NFT für eine Weinflasche zu kommunizieren, und sie wird dabei helfen, die Herkunft, die Herstellung und den Verkauf der Flasche über den gesamten Prozess hinweg zu verfolgen. Eine Lösung dieser Art wurde bereits von der Beratungsfirma Ernst & Young für einen ihrer Kunden entwickelt.

Nicht fälschbare Token sind auch ideal für den Einsatz im Rahmen des Identitätsmanagements. Nehmen wir zum Beispiel die Situation der Reisepässe, die an jeder Ein- und Ausreisestelle vorgelegt werden müssen. Wenn die Reisepässe von Personen in nationale Identifikationskarten umgewandelt werden, die jeweils eindeutige Identifikationsmerkmale aufweisen, können die Ein- und Ausreiseverfahren in den verschiedenen Ländern der Welt vereinfacht werden. Darüber hinaus können NFTs für das

Identitätsmanagement in der digitalen Welt verwendet werden, was eine Erweiterung des früheren Anwendungsfalls darstellt.

Darüber hinaus können Nicht-Finanzinstitute (NFTs) Investitionen demokratisieren, indem sie materielle Vermögenswerte wie Immobilien aufteilen. So ist es beispielsweise wesentlich einfacher, einen digitalen Immobilienwert unter zahlreichen Eigentümern aufzuteilen als einen physischen Immobilienwert unter vielen Eigentümern. Diese Ethik der Tokenisierung muss sich nicht auf Immobilien beschränken, sondern kann auch auf andere Arten von Vermögenswerten angewendet werden, wie z. B. Kunstwerke. So müssen Kunstwerke nicht unbedingt einen einzigen Eigentümer haben. Stattdessen können mehrere Personen Eigentümer des digitalen Gegenstücks des Kunstwerks sein, von denen jeder für einen anderen Teil des Gemäldes verantwortlich ist. Solche Vereinbarungen können den Wert und die Einnahmen des Unternehmens steigern.

Die Entwicklung neuer Märkte und Anlageformen ist die interessanteste Perspektive für Nicht-Finanzinstitute. Stellen Sie sich ein Grundstück vor, das in zahlreiche Bereiche unterteilt wurde, von denen jeder eine Reihe von Merkmalen und verschiedene Arten von Immobilien umfasst. Einer der Bereiche liegt in der Nähe eines Strandes, ein anderer ist ein Unterhaltungskomplex und wieder ein anderer ist ein Wohnviertel. Ein NFT stellt ein einzigartiges Stück Land dar, und jedes Stück Land wird auf der Grundlage seiner einzigartigen Merkmale unterschiedlich bewertet. Es ist möglich, den komplizierten und bürokratischen Immobilienhandel zu vereinfachen, indem die wichtigsten Informationen in jedes NFT integriert werden.

Die Blockchain-basierte Virtual-Reality-Plattform Decentraland, die auf der Blockchain von Ethereum läuft, hat diese Idee bereits umgesetzt. Da nicht-finanzielle Token (NFTs) immer ausgefeilter werden und mit der Finanzinfrastruktur verknüpft werden, könnte es möglich werden, die gleiche Idee von tokenisierten Parzellen mit jeweils unterschiedlichem Wert und Standort in der realen Welt anzuwenden.

Fazit

NFTs haben ein unbegrenztes Potenzial und unbegrenzte Möglichkeiten, und die jüngsten Rekordumsätze tragen zum Fortschritt der Technologie bei. Eines der derzeitigen Hindernisse für eine breite Akzeptanz ist das mangelnde Bewusstsein für die Kryptowelt und die Blockchain-Technologie. "Wenn man den Leuten beibringt, es zu probieren, es ihnen ermöglicht, es zu erleben, werden sie nicht davon überwältigt sein", sagte der Schöpfer John G Fields, Develop Your Base.

Sicherheit ist ein Teil dieser Schulung, da neue Nutzer im Blockchain-Bereich wissen müssen, wie sie ihre Geldbörsen und privaten Schlüssel sichern können, um zu verhindern, dass Hacker auf ihre wertvollen digitalen Vermögenswerte zugreifen können.

Viele digitale Artefakte, Sammlerstücke und Investitionen, die zweifelsohne verheerend sein werden, sind aufgrund ihrer Seltenheit sehr wertvoll. Entwickler und Schöpfer müssen sicherstellen, dass in intelligenten Verträgen strenge Urheberrechte und Lizenzen vereinbart werden, um die Integrität digitaler Güter zu gewährleisten.

Die meisten der derzeit verfügbaren Krypto-Wallets sind extrem komplex und für unerfahrene Nutzer und Mainstream-Einsteiger schwer zu bedienen. Wallets wie Coinbase Wallet, Pillar Wallet, Enjin Wallet, oder WAX Wallet (WCW), um nur einige zu nennen, werden dennoch ständig weiterentwickelt und veröffentlicht, um dies zu verbessern.

NGRAVE ZERO ist eine weitere Wallet, die man im Auge behalten sollte, da sie die "kälteste" und sicherste Krypto-Wallet ist, die auch unglaublich benutzerfreundlich und nahtlos zu bedienen ist. Der hochwertige taktile Bildschirm von ZERO bietet nicht nur eine sichere Umgebung, in der Nutzer ihre virtuellen Besitztümer aufbewahren und austauschen können, sondern hat auch das interessante Potenzial, es den Besitzern zu ermöglichen, ihre virtuellen Sammler und Vermögenswerte von einem kleinen, tragbaren Gerät aus anderen zu zeigen.

Ein weiterer Teil der Massenaufklärung besteht darin, zu sehen, wie "geeky", "nerdy" und wissenschaftlich NFTs und die Blockchain-Technologie bleiben. Eine weitere Vereinfachung ist unerlässlich, damit Menschen, die mit der Blockchain nicht vertraut sind, sie leicht nutzen und verstehen können.

Dr. Jesse Reich (CEO Splinterlands) erklärt, dass die Herausforderung darin besteht, "die Blockchain für einen unerfahrenen Nutzer unsichtbar und für einen fortgeschrittenen Nutzer zugänglich zu machen." Auf dem Board The Future of Gaming & Non-Fungible Tokens.

Während Projekte wie CryptoKitties in den letzten Monaten erfolgreich neue Blockchain-Nutzer und -Wachstum in Gang gebracht und die Anwendungsfälle von NFTs vergrößert haben, bleibt noch ein langer Weg zu gehen. Die Leidenschaft für NFTs liegt vor allem in den Nischenbereichen Gaming, Kunst und Sammlerstücke, aber neue Unternehmen weiten NFTs zunehmend auf andere Aspekte unserer physischen Existenz aus.

Wir können sehen, wie NFTs zwischen verschiedenen Welten übertragbar werden, sowohl virtuell als auch physisch, da immer mehr große Marken das Schlachtfeld betreten, wie z. B. Nike, das Schuhe wie NFTs, genannt CryptoKicks, lizenziert hat, die es den Nutzern ermöglichen, sich zu "vermehren". Wie der CEO von Animoca Brands Yat Siu es so treffend formuliert:

"Wie viele Spielefirmen werden sagen, lasst uns diese Nike-Schuhe in unseren virtuellen Spielen verwenden? wenn Millionen von Menschen unerwartet virtuelle Nike-Schuhe haben. "Yat Siu, CEO von Animoca Brands

Je mehr Menschen sich des Wertes und des Potenzials bewusst werden, das NFTs bieten können, desto mehr große Marken, Großinvestoren und Risikokapitalfirmen werden aufmerksam und interessieren sich dafür. Die Mitbegründer von Morgan Creek Digital, Anthony Pompliano und Jason Williams, haben ein "großes Glücksspiel" mit digitalen Kunst-NFTs gemacht, die den physischen Kunstmarkt übertreffen.

Aufgrund ihrer überaus langen Produktlebenszyklen und ihrer Bereitschaft, verschiedene Monetarisierungsmodelle anzubieten, haben Indie-Blockchain-Spielentwickler begonnen,

Risikokapital anzuziehen. Neue Governance-Token im NFT-Sektor wecken ebenso wie im Defi-Sektor Interesse, und es gibt keine Hinweise auf die spannenden neuen NFT- und Defi-Typen.

Der Weg für NFTs ist jedoch nicht barrierefrei, da sie mit potenziellen regulatorischen Hürden konfrontiert werden. Der Kryptobereich ist noch sehr jung und muss als Gemeinschaft fortbestehen, indem er viele neue Projekte hervorbringt, auch wenn diese kommen und gehen.

Vielen Dank für die Lektüre.

Printed in Poland
by Amazon Fulfillment
Poland Sp. z o.o., Wrocław

90379457R00101